Couverture inférieure manquante

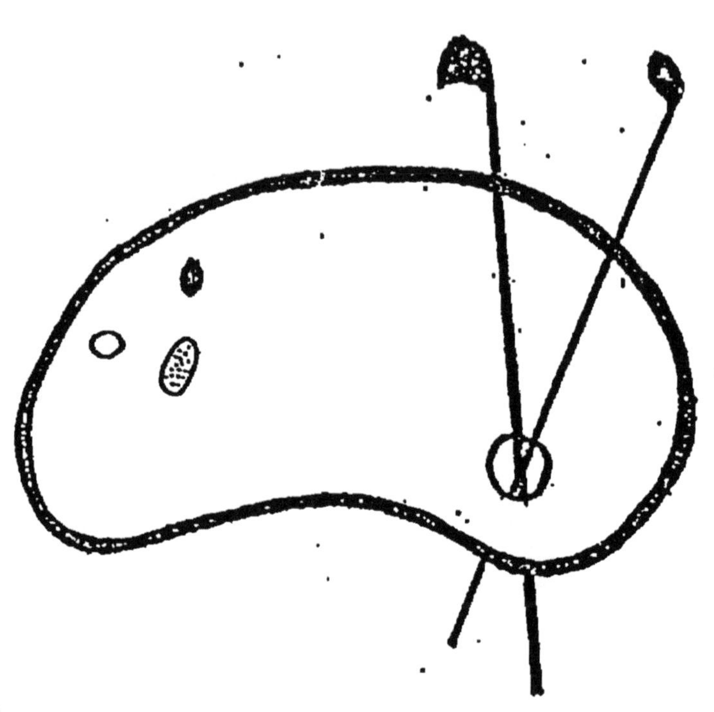

ORIGINAL EN COULEUR
NF Z 43-120-8

Conserver la couverture
7 f 44
COMMENCEMENT
SUITE
LA
SÉPARATION DE CORPS
ET
LE DIVORCE
A L'USAGE
DES GENS DU MONDE
JOUVET ET Cie
ÉDITEURS
PARIS
P. HAUSSMANN del.
FIN!..

LA SÉPARATION DE CORPS

ET

LE DIVORCE

LA SÉPARATION DE CORPS

ET

LE DIVORCE

A L'USAGE DES GENS DU MONDE

ET LA MANIÈRE DE S'EN SERVIR

MANUEL

DES ÉPOUX MAL ASSORTIS

PAR

GEORGES DE CAVILLY

LETTRE DE M. ALFRED NAQUET, DÉPUTÉ

PARIS

JOUVET ET Cie LIBRAIRES ÉDITEURS

45, RUE SAINT-ANDRÉ-DES-ARTS, 45

1882

A M. A. NAQUET

DÉPUTÉ DE VAUCLUSE

Monsieur le député,

Dans un temps où les questions politiques tiennent trop de place, vous avez eu le rare mérite de vous dévouer à une question sociale.

A votre initiative et votre persévérance sera dû prochainement, — si le Sénat le veut bien, — le rétablissement d'une loi combattue par ceux-là seuls qui s'imaginent ne devoir jamais en avoir besoin : Tels, riront toujours de la médecine les gens robustes.

Permettez-moi de vous dédier cet opuscule.

Le divorce n'y est point ardemment préconisé, la séparation l'est encore moins; mais, de ce que les remèdes, malgré les raffinements de la droguerie moderne, restent tou-

jours désagréables à prendre, il ne s'ensuit pas qu'on doive renoncer à les administrer, ni nier leur efficacité, au moins relative, sur le mal.

La seule prétention de cet ouvrage est de fournir le viatique nécessaire aux époux mal assortis qui entreprennent le voyage à longue procédure de la séparation, ou du divorce.

Eux-mêmes, sans doute, ne trouveront cette pénible médication ni souveraine ni parfaite; mais si la perfection absolue existait en ce monde, il est à supposer que l'idée ne leur viendrait pas d'y avoir recours.

Veuillez agréer, Monsieur le député, l'assurance de ma respectueuse considération.

GEORGES DE CAVILLY.

A M. Georges de CAVILLY

Monsieur,

Je crois comme vous que le divorce n'est pas un bien, mais que c'est un remède à des situations intolérables, et je trouve excellente votre comparaison. Les gens bien mariés plaisantent du divorce comme les gens robustes plaisantent de la médecine.

Ils devraient savoir que tel est robuste aujourd'hui qui est malade demain, et que, d'ailleurs, les maladies morales sont tout aussi, — et peut-être plus, — contagieuses que les maladies physiques, et que tout le monde a le plus grand intérêt à éteindre les foyers de contagion.

Mais, du reste, l'opinion l'a compris : elle est avec nous.

La cause cependant est de celles qui veulent

être défendues avec persévérance, puisque avec persévérance elle est attaquée.

J'applaudis donc à l'idée que vous avez eue de défendre, en juriste que vous êtes, une idée qui nous est commune; et je vous remercie d'avoir bien voulu me dédier votre livre.

Croyez bien que cette marque d'estime que vous me donnez, cet honneur que vous me faites, resteront absolument gravés dans ma mémoire.

Veuillez en agréer mes remerciements.

A. Naquet.

Paris, 10 juin 1882.

PRÉFACE

Cet ouvrage est fait pour les époux mal assortis, il s'adresse donc probablement à un assez grand nombre de personnes. Son but n'est pas d'enseigner le droit, mais d'indiquer à larges traits les règles qui régissent la séparation de corps et de montrer aux conjoints mécontents quand et comment ils peuvent se plaindre.

Le plus souvent les plaideurs sont portés à se croire des droits qu'ils n'ont pas, à considérer comme des raisons sérieuses certains griefs que leur peu d'importance fait repousser par les juges. Avant de se lancer dans les dédales de la procédure, il est bon de les étudier un peu.

Tout le monde parle de la séparation de corps, les uns en gens désintéressés qui n'attendent rien d'elle, les autres en acteurs qui pensent avoir un jour prochain à y jouer un rôle. Peu de personnes connaissent les causes qui peuvent la motiver et surtout les moyens de s'en servir. On s'imagine qu'il suffit d'aller trouver un magistrat et de lui dire : « Voilà ! nous ne nous entendons pas bien, nous avons fait fausse route, séparez-nous ; » raisonnant comme deux voyageurs qui au premier relais s'apercevraient que décidément ils ont eu tort de partir ensemble, qu'ils auraient mieux fait de se choisir un autre compagnon ou même de ne pas partir du tout.

Les choses ne se passent pas aussi simplement. La justice est lente de nature, car elle est fille du temps, les impatiences conjugales ne la touchent point, les gens de loi sont peu accessibles à l'émotion. En outre, ils sont curieux, ils tiennent à connaître les tenants et aboutissants, à rechercher le pourquoi des choses. Par suite, beaucoup de longueurs et beaucoup de surprises. Le trésor n'y perd rien et les hommes d'affaires y gagnent honnêtement leur vie en noircissant du papier. Après tant de soucis et tant de démarches on court le risque d'être parfois renvoyés *dos à dos* plus malades encore et sans espoir de guérison.

Il vaut mieux perdre ses illusions avant le procès, cela évite des frais et le mal n'est pas rendu incurable. Ceux qui auront vu de près les détails d'une procédure en séparation et tous les scandales qu'elle soulève hésiteront peut-être à se lancer dans une pareille aventure, préférant la devise du dentiste moderne : « Guérissons, n'arrachons pas. » Si la dent est trop gâtée, au moins ils sauront comment la faire enlever.

A côté de la séparation de corps, il est

aussi question du divorce — auquel le bon
sens nous ramène — et qui n'en diffère principalement que par ses conséquences; chacun
choisira en connaissance de cause la voie
qui lui paraîtra la meilleure.

Puissiez-vous donc, lecteur, tirer de cette
étude qui, sous une apparence légère, a la prétention de dire des choses sérieuses : « Moult
profit et bon déduict »; c'est la grâce que je
vous souhaite.

LA SÉPARATION DE CORPS

ET LE

DIVORCE

I

CONSIDÉRATIONS GÉNÉRALES SUR LE MARIAGE QUI NE
SONT NI NEUVES NI CONSOLANTES

Or donc, mariez-vous ! — Or donc, ne vous mariez
pas ! — Incompatibilités d'intelligences et incompatibilités d'humeurs. — Fidélité conjugale. —
Côté des hommes. — Côté des dames.

Ceux qui se plaignent trop amèrement du
mariage sont injustes, comme ceux qui accusent la vie parce qu'ils ont été malheureux.

De toutes les unions que l'homme est
susceptible de contracter, aucune n'offre,
il faut bien le reconnaître, autant de garan-

ties. Soyez l'amant d'une grisette, faites-vous ruiner par une cocotte ou bien formez votre trio dans le ménage d'une grande et honnête dame ou d'une petite bourgeoise, ayez des passions ou contentez-vous de caprices, au fond, il vous manquera toujours quelque chose.

Il n'est pas dans notre nature d'aimer le provisoire. Il faut à la possession d'un bien, pour que la joie qu'il procure soit sans mélange, la pensée que cette possession sera éternelle ; or, toute union de fantaisie porte en elle, du jour même de son origine, le principe de mort qui amènera fatalement sa destruction. L'homme et la femme sont alors deux touristes que les hasards de la route ont fait se rencontrer à la même hôtellerie, qui parcourent ensemble quelques étapes, mais qui savent bien que leur but est différent, et que là-bas, — au détour du chemin peut-être, — il va falloir se séparer.

Il leur manque ce qui fait la base la plus solide, la seule base des affections durables, à savoir la communauté d'intérêts. Les longues espérances leur sont refusées. Ils n'ont

pas besoin de se ménager un avenir, puisque
l'avenir n'est pas à eux ; que deviendront-ils
l'un et l'autre lorsque la passion des premiers moments aura pris fin ? Ils n'ont pas à
s'en préoccuper, ils se contentent d'aimer
au jour le jour jusqu'au moment où ils n'ai-
meront plus. Pour eux, l'amour n'est qu'un
commerce orageux qui doit finir par une
banqueroute. La grisette prend un nouvel
amant, la cocotte croque un nouvel héritage,
et la femme adultère revient souvent à son
mari, finissant par où elle avait commencé.

Les époux, au contraire, savent que l'avenir leur appartient, qu'ils travaillent ensemble à se construire un abri pour toute la vie.
Ils se font un patrimoine des joies et des
douleurs partagées, et si la communauté
vient à faire faillite, ils ne pourront point,
par une fuite adroite, échapper à la liquidation.

Étant admis que dans la vie il n'est pas
bon de marcher seul et de s'isoler, il y a
donc d'excellents arguments en faveur du
mariage. Nous n'avons pas à insister, puisque notre but n'est point de dire les raisons

qui poussent l'homme et la femme à s'unir, mais celles qui les amènent à se séparer lorsqu'ils sont unis.

Il y a des gens qui se marient, voilà un fait. Il y a des gens qui, mariés, regrettent de l'être, nous ne devons nous occuper que de ceux-là. Laissons donc de côté les assiégeants qui veulent entrer dans la place et ne nous occupons que des assiégés qui veulent en sortir.

A côté de ses avantages, le mariage présente des écueils nombreux auxquels il ne faut pas trop songer de sang-froid, sous peine d'hésiter toujours, à les affronter.

Il ne s'agit point d'un bail de trois, six ou neuf, mais d'un bail éternel, d'un bail qui vous liera demain et le jour d'ensuite, le mois prochain et le mois suivant et les années qui viendront et toujours, toujours. Si vous vous entendez, à merveille, mais si vous ne vous entendez pas, vous trouverez à tout moment, par le contact continuel et obligatoire, des raisons pour vous haïr davantage; le dissentiment ne s'arrêtera pas à l'indifférence. Il faudra, bon gré mal gré, régler l'action des tangentes inévitables entre les caractères, adoucir les angles, sinon votre vie sera une lutte sans trêve et une angoisse sans fin.

Rien n'est aussi terrible que ce tête-à-tête de chaque jour, et peu d'affections sont susceptibles de résister à un pareil régime. Combien d'amis de vieille date, partis ensemble pour une excursion de quelques semaines, qui sont revenus avec le sentiment qu'en fin de compte ils ne s'entendent pas aussi bien qu'ils se l'imaginaient. Et les associés! liés cependant par les mêmes intérêts et forcés de marcher d'accord s'ils ne veulent pas voir le chariot verser, combien y en a-t-il à qui l'association ne tarde pas à devenir un pesant fardeau!

Que de qualités sont indispensables aux époux! Dans la comédie du cœur humain, disait Ninon de Lenclos, — qui devait s'y connaître pour l'avoir jouée souvent, — c'est l'entr'acte qui est le plus long et il faut pouvoir en sauver la monotonie. Or, pour remplir ces intermèdes, il est nécessaire d'apporter une somme suffisante d'esprit et d'intelligence. Dans un certain monde, les femmes

surtout en ont besoin, si elles veulent se
trouver en communauté d'idées avec un
mari que son éducation et sa connaissance
des choses met souvent au-dessus d'elles.
Lorsque celui-ci ne peut donner que la confidence du cœur et doit retenir la confidence
de la pensée, lorsqu'en rentrant après son
travail, il ne peut rencontrer un esprit qui
soit l'écho du sien, il en arrive à vivre à son
foyer à l'état de séparation intellectuelle. Le
mariage n'existe plus alors que de nom; les
causeries intimes qui sont le charme de
l'amitié, les confidences faites à voix basse sur
les projets du lendemain ou les ennuis de la
veille ne viennent point rompre la monotonie
d'une conversation hachée et fastidieuse; ils
sont deux et cependant ils se sentent seuls,
aussi le mari ne tarde pas à chercher quelque
être plus sympathique et susceptible de
prendre goût à ce qui l'intéresse.

Si, au contraire, la plus grande somme
d'intelligence et surtout de volonté est dévo-
lue à la femme, son mari ne lui paraissant
plus qu'un être insuffisant et inutile, incapable de lui donner la direction et l'appui sur

lesquels elle était en droit de compter, elle ne tarde pas à le supprimer totalement, elle devient chef de la communauté et n'éprouve pour celui dont elle a usurpé le pouvoir que pitié et dédain. Le monde lui-même ratifie ce changement des rôles et ne dit plus « la femme de M. X... », mais « le mari de Mme X... »

Bref, l'esprit et la bêtise ont toujours fait mauvais ménage et malheureusèment le mariage les oblige souvent à vivre ensemble.

Ce n'est pas tout : l'un et l'autre vous avez évidemment des défauts, des travers au moins, que vous avez dissimulés au début, qui ont disparu dans le mirage produit par la lune de miel, mais qui se découvrent lorsque l'astre est parvenu à son dernier quartier. Vous êtes bourru, jaloux, fantasque et taquin à vos heures, défauts légers pour les personnes que vous ne voyez que de temps en temps et qui deviennent horriblement insupportables pour celles qui vivent avec vous. Vous êtes maladroit et vous manquez de tact, et, sans le vouloir, vous avez le talent d'agacer l'âme la plus douce par vos criailleries et vos plaintes. Peut-être êtes-vous aussi une de ces femmes excellentes et remplies des meilleures intentions qui ne perdent jamais l'occasion de parler lorsqu'il faudrait se taire et qui compromettent leur mari par des bavardages et des commérages ridicules.

Enfin, il y a de grandes chances pour que vous n'ayez pas les mêmes goûts. Jusqu'au moment du mariage, vous avez vécu chacun de votre côté, arrangeant déjà, — les hommes surtout, — la vie à votre guise et vous forgeant des habitudes qu'il faudra probablement rompre. Que de froissements, mon Dieu! Vous aimez les plaisirs du monde et votre femme les a en horreur, ou bien encore, — ce qui est plus fréquent, — vous aimez la tranquillité et le repos, et l'on vous oblige à courir les bals et les théâtres : si vous résistez, vous faites une victime, si vous ne résistez pas, vous en êtes une.

Regardez un peu dans les grandes réunions mondaines ces malheureux assis derrière une porte, dodelinant de la tête et commençant sur une chaise ce qu'ils voudraient bien continuer dans leur lit, ou rivés à une table de whist jusqu'au jour, attendant avec des poses de martyr que leur femme ait suffisamment valsé et cotillonné. — Ce sont les forçats du mariage.

Au-dessus de toutes ces misères plane un point d'interrogation. Que deviendra la fidélité conjugale dans votre ménage?

Les uns vous diront qu'il est aussi difficile d'affirmer qu'on s'aimera toujours que de soutenir qu'on se portera toujours bien et qu'on sera toujours heureux ; les autres prétendent qu'un homme n'a pas plus besoin d'aimer plusieurs femmes que l'artiste n'a besoin de plusieurs violons pour exécuter un morceau de musique et créer une mélodie enchanteresse. Lesquels croire?

Autrefois, les grandes dames aimaient à résoudre des problèmes sur cette matière, pendant que leurs seigneurs et maîtres guerroyaient au loin, et dans une des cours d'amour qui se tenaient à l'époque, la comtesse de Champagne porta le jugement suivant qui n'a rien de très encourageant :

« Nous disons et assurons par la teneur

« des présentes que l'amour ne peut éten-
« dre ses droits sur deux personnes mariées.
« En effet, les amants s'accordent tout mu-
« tuellement et gratuitement, sans être
« contraints par aucun motif de nécessité,
« tandis que les.époux sont tenus, par de-
« voir, de subir réciproquement leurs vo-
« lontés et de ne se refuser rien les uns aux
« autres. »

Les conseillères qui participèrent à ce jugement avaient sans doute d'excellents motifs pour le formuler de la sorte, mais la raison qu'elles invoquent est sujette à controverse : l'habitude qui naît entre amants ne tarde pas à leur forger une chaîne aussi lourde que la chaîne conjugale et le droit de refus est un droit qu'on ne songe guère à exercer tant que l'offre subsiste. L'explication de Balzac est peut-être meilleure : « Il est plus facile d'être amant que mari, parce qu'il est plus difficile d'avoir de l'esprit tous les jours que de dire de jolies choses de temps en temps. »

Il se trouve dans les rapports de la vie conjugale des manœuvres bien délicates à exécuter et certaines situations exigent beaucoup de tact et d'habileté. Tenez, par exemple, dès le premier jour, ou mieux, dès la première nuit, croyez-vous que la tâche du mari soit facile : la leçon d'ouverture a une si grande importance qu'elle est comme la pierre angulaire de l'édifice, et bon nombre d'époux ont dû leurs malheurs à une maladresse commise en cette occurrence. Dans l'acte primordial se glisse parfois le germe d'antipathies insurmontables pour l'avenir. Il y a des étonnements... douloureux, à se faire pardonner, et il faut tenir le juste milieu entre la maladresse et l'audace, la lenteur et la précipitation : opération qui a son charme, à vrai dire, et à laquelle on ne renoncerait pas volontiers, mais qui présente d'immenses dangers.

Admettons que le premier moment n'a pas été trop difficile à passer et que vous avez agi en homme galant et adroit. Supposons même que l'amour brille dans le début sur la couche nuptiale : combien de temps gardera-t-il son éclat ?

Le train-train régulier de la vie monotone

va commencer. Prenez garde, l'amour qui ne meurt jamais de besoin meurt parfois d'indigestion. Il y a encore là un écueil à éviter. Rappelez-vous que la puissance ne consiste pas à frapper fort et souvent, mais à frapper juste; si vous mangez votre bien en herbe, la lassitude arrivera vite et alors votre amour prendra des airs de robe de chambre. La satiété, voilà l'ennemi! On se fatigue de tout, même du sublime.

De ce danger vous sortez encore victorieux, vous êtes prudent et habile, eh bien! malgré cela, il y a des cas où vous n'échapperez pas au malheur que vous redoutez le plus.

Il existe, en effet, trois classes bien distinctes de femmes : il y a d'abord celles qui naissent et demeurent honnêtes, sans efforts, tout naturellement, comme ces arbres dont les tiges croissent en ligne droite sans que les vents ni les hivers puissent les courber. Avec ces créatures privilégiées les maris n'ont rien à craindre; ils peuvent être bêtes, laids et ridicules, volages et distraits, tout leur est compté pour vertu;

ils trouveront toujours à leur foyer, même après les escapades les plus coupables, le front paisible et ce regard franc de la femme qui n'a rien à cacher.

A l'autre extrémité de l'échelle, il y a celles qui sont prédestinées à tromper leur mari quel qu'il soit, maussade ou galant, stupide ou intelligent; son sort est fatal. Le public, qui ne fait jamais de distinctions et qui juge à vue de nez, dit toujours, en constatant les fredaines des femmes mariées : « Ah ! si la petite dame *** avait eu un autre mari, cela ne serait pas arrivé. » Erreur, la petite dame *** a des aspirations qui, dans toutes les circonstances, auraient voulu se donner carrière ; cela fût venu un peu plus tôt ou un peu plus tard, mais cela fût venu. Ce n'est pas à leur mari que ces femmes-là sont réfractaires, c'est au mariage lui-même.

Enfin, la troisième et dernière catégorie comprend les femmes qui ne deviennent adultères que par suite des événements et par la faute de leur victime. Celles-là sont en majorité, et avec elles il est bon d'avoir constamment un œil ouvert. Attention ! Si vous avez quelques peccadilles à vous reprocher et que madame vienne à les apprendre, sa vengeance est toute prête et elle ne se fera pas attendre; si vous êtes grincheux, un plus aimable vous remplacera; si vous vous lancez trop dans des réunions légères et si vous amenez souvent au domicile conjugal des amis entreprenants, ils ne tarderont pas à prendre votre succession. Vous êtes dans la situation d'un cocher qui conduirait un cheval ombrageux, il ne doit pas le perdre de vue un seul instant, ni laisser tomber les rênes, ni s'endormir, sinon, un faux pas est bien vite fait et le cheval se couronne.

Ah! votre sort n'est pas enviable! il est meilleur que si vous aviez épousé une femme de la seconde catégorie, puisque, à force d'adresse, vous pouvez parer les coups qui vous menacent, mais il laisse encore beaucoup à désirer pour être heureux. Être toujours sur la brèche, armé de pied en cap, cela fatigue à la longue.

Malheur à vous surtout si votre femme possède une âme rêveuse et poétique : dans le mariage il n'y a rien de pis. Les êtres sensibles ne sont pas des êtres sensés, et si on a la prétention de trouver en vous un idéal, votre rôle est presque insoutenable. Les amants parfaits ne se rencontrent que dans les romans : dans la vie ordinaire, quantité de petits accidents obligent à descendre des nua- ges pour rentrer dans la réalité ; les occupations de chaque jour, les infirmités auxquelles est sujette notre humaine nature, forment un tourbillon meurtrier dans lequel la poésie est broyée. Peu à peu votre épouse se range dans la classe des femmes incomprises, alors que c'est elle qui ne comprend pas les nécessités de la situation ; son intérieur lui paraît monotone et votre figure vulgaire, sa belle âme meurtrie bat des ailes pour chercher plus haut l'air vivifiant et imprégné de passion ardente dont elle est assoiffée, et sous les rideaux du lit conjugal elle en arrive à couver l'adultère avec le sang-froid de l'assassin qui contemple le cadavre de sa victime.

Souvent, l'amant dont la poésie devra la consoler, vous vengera cruellement, et, pour peu qu'il reste encore quelque bon sens à la fugitive, elle ne tardera pas à s'apercevoir qu'elle a fait fausse route et lâché la proie pour l'ombre. Si les chercheuses d'idéal savaient combien la denrée est rare sur le marché, elles renonceraient bien vite à donner leur repos et peut-être leur bonheur dans l'avenir pour payer une acquisition aussi trompeuse; si elles savaient de combien de vanité et d'économie est fait l'amour qu'on leur offre, elles se contenteraient de celui de leur mari, quelque insuffisant qu'il puisse être, et n'embarqueraient pas si facilement leur vie sur une chimère.

Et puis... l'adultère éclabousse toujours un peu, même quand on marche avec précaution; aussi la femme est-elle bien surprise, un beau jour, de découvrir que son amant lui devient à charge, comme son mari, et que le temps des illusions a été encore moins long pour lui que pour l'autre; ce n'était vraiment pas la peine de se déranger de la voie tracée pour en arriver là.

Quant à l'amant, lorsqu'il a bien savouré sa victoire, il oublie, et comme tous les conquérants, il en cherche une nouvelle :

Elle était belle, elle était sage
Et pourtant n'était point sauvage.
Elle mourut, on l'enterra,
Oncques depuis il n'y pensa.

Mais ce sont là des vérités que les femmes ne reconnaissent qu'après en avoir fait l'expérience, et le mari paye les frais.

Voilà donc les malheurs qui menacent la plupart des hommes; pour être juste, il faut aussi indiquer ceux qui menacent les femmes, sinon celles-ci réclameraient, et elles auraient raison. On parle beaucoup des épouses qui trompent leurs maris, mais la franchise oblige à avouer, n'est-ce pas, qu'il y a aussi beaucoup de maris qui trompent leurs femmes.

Ici, deux catégories seulement : côté des placides et côté des ardents, — les plus nombreux ; — les placides le sont par une disposition de nature ou par suite de l'affection qu'ils éprouvent pour leur femme, à ce point que les autres leur sont indifférentes ; les ardents le sont par tempérament et par habitude et le sentiment n'entre pour rien dans leurs fantaisies amoureuses.

On verra plus loin, lorsque nous parlerons
de l'adultère comme cause de séparation, les
différences capitales qui existent entre les
écarts des deux conjoints, mais ces différences mêmes rendent la situation de
l'épouse plus critique, car, par cela seul que
l'homme se livre moins que la femme dans
ses adultères, il a des facilités plus grandes
pour les commettre, et il est moins retenu par
la pensée d'une faute que les circonstances
lui font paraître peu grave. Combien de maris ont eu à certains moments des relations
extra-conjugales passagères, qui n'ont pas
cru être infidèles et manquer à leurs serments ! Une absence, une maladie de leur
femme, une occasion tentante qui s'est présentée ont amené chez eux une infidélité
physique ; de bonne foi ils diront que le cœur
n'y est pour rien et que le contrat qui les lie
a été respecté.

> A la beauté que j'adorais,
> Il est vrai je fus infidèle,
> Et pourtant j'ai gardé ses traits
> Dans mon cœur toujours rempli d'elle.

Par sa nature même la vertu de l'homme

est plus fragile que celle de la femme, et lorsqu'une jeune fille épouse un ardent, elle en retire certains agréments, mais elle court risque, si elle est jalouse, d'en retirer beaucoup d'ennui.

Ajoutons qu'à un autre point de vue, le sort de la femme est plus pénible, parce que sa nature est plus délicate et qu'elle souffre davantage des défauts et de la violence de son mari, parce que, obligée de vivre toujours dans son intérieur, elle n'a pas la ressource d'aller chercher ailleurs un dérivatif, et qu'elle n'est point comme l'homme maître de ses actions.

En vérité, en vérité, je vous le dis, quand on réfléchit à tout cela on se sent envahir par mille hésitations légitimes, et volontiers on redirait avec je ne sais plus quel célibataire endurci :

> Je vois, ma foi, beaucoup de bien
> Dans le parti qu'on me propose.
> Mais toutefois ne pressons rien ;
> Se marier est grosse chose,
> Il y faut penser mûrement.
> Sages gens en qui je me fie
> M'ont dit que c'est fait prudemment
> Que d'y songer toute sa vie.

II

COMMENT ON SE MARIE

La dissimulation est l'apanage des deux sexes. — Ce qu'on apprend en dansant. — Le jeune homme pressé et le jeune homme qui cherche. — La vieille dame qui marie tout le monde. — Les agences matrimoniales. — Les mariages d'amour.

Quand on parle de mauvais ménages, d'incompatibilités d'humeur entre époux, d'adultères, etc..., il se trouve toujours quelque profond moraliste pour s'écrier : « Comment voulez-vous qu'il en soit autrement, avec la manière dont les mariages se font aujourd'hui ! »

Voilà pour beaucoup la grande explication des unions mal assorties ; chacun a ses variations sur ce thème connu et se fait philosophe à bon marché ; quelques réflexions prud'hommesques aidant, on s'imagine avoir mis le doigt sur la plaie : « mariages bâclés, fusion de deux sacs d'argent, jeunes gens qui ne se connaissent point, etc.... »

Le fait est qu'il y a un peu de vrai dans tout cela, mais peut-on affirmer que si les mariages se faisaient autrement, ils réussiraient mieux ? Évidemment non, pour cette cause qu'il est toujours impossible à des êtres n'ayant pas vécu ensemble de savoir ce qui arrivera lorsqu'ils auront mêlé leurs existences. Les chimistes peuvent prédire le précipité qu'ils obtiendront en mettant deux liquides dans le même vase, les futurs époux ne peuvent deviner ce que réserve à l'avenir l'union de leurs deux caractères.

On a beau dire : « Voilà des jeunes gens élevés de la même manière, qui appartiennent au même monde, qui n'ont de vice rédhibitoire ni l'un ni l'autre, ils ont tout ce qu'il faut pour s'entendre, donc ils s'entendront. » Ce n'est pas une raison; ce qui semble quelquefois devoir être un lien, souvent au contraire devient un élément de discorde, et réciproquement. Nul ne peut se vanter de connaître le caractère d'autrui et les modifications que le temps ou les événements seront susceptibles d'y apporter : et d'où viendrait cette science du cœur des autres alors qu'on n'a même pas celle du sien propre?

Il n'est cependant guère possible de mettre à l'essai les jeunes gens qu'on veut marier : cette méthode n'entre pas encore dans nos mœurs. On a donc la seule ressource de se rencontrer dans les réunions mondaines, au bal, au concert, de s'apprécier, de s'entendre entre deux morceaux de musique ou pendant un quadrille. Ah bien oui! vous serez bien avancé, lorsque vous aurez tourné autour d'une petite pièce carrée jusqu'au lever de l'aurore; vous saurez si vous allez en mesure; la valse vous aura permis, en serrant discrètement la taille de votre danseuse, de vous rendre compte exactement de la réalité de certains détails que l'œil n'est pas assez habile pour découvrir, voilà tout : c'est quelque chose, mais cela ne suffit pas.

Les conversations sur les sujets les plus

variés ne vous diront pas votre caractère, et tout est là : « Quand elles m'agréeraient « toutes, pour si peu que j'y recognais, disait « Henri IV à Sully lorsqu'il songeait à « divorcer avec Marguerite, qu'est-ce qui « m'asseurera que j'y rencontrerais la prin- « cipale condition que j'y désire, et sans « laquelle je ne voudrais point de femme, à « savoir qu'elles seront d'humeur douce et « complaisante. »

Vous aurez causé maintes fois avec une personne et habilement passé en revue avec elle toutes les questions qui semblent devoir vous éclairer sur ses goûts, sur ses habitudes, sa manière de penser et d'agir ; vous croirez la connaître, pas du tout : mariez-vous, et quinze jours après vous vous apercevrez que dans vos causeries il n'y avait que des phrases, produit d'une imagination et d'un esprit plus ou moins vifs.

Notez bien surtout que dans ces réunions du monde, hommes et femmes sont comme des acteurs sur la scène, leur unique souci est de se faire une physionomie en rapport avec ce qu'ils veulent paraître ; les uns et les autres dissimulent, sans même s'en rendre compte : allez donc sous un pareil masque découvrir ce qu'on met tant de soin à cacher, alors que vous-même avez déjà à vous observer.

Par quel procédé, dites-moi, arriverez-vous à connaître le caractère d'une femme, alors qu'elle a trouvé le moyen de tromper le père éternel lui-même ? Il est bien certain, en effet, qu'elle avait été placée dans le paradis terrestre pour y vivre tranquillement en compagnie d'Adam ; on ne comprendrait pas d'aussi grands frais d'installation, si le bail n'avait pas dû être sérieux ; et si la pomme n'avait été qu'un piège, le procédé eût manqué de franchise. Eh bien! voilà qu'un beau jour, contrairement à toutes les prévisions, Ève la blonde s'en laisse conter par un bellâtre de serpent et trahit son mari, qui pendant ce temps-là vaquait à ses occupations sans se douter de rien. On ne peut cependant pas attribuer sa faute à une mauvaise éducation ou à la lecture des romans immoraux. Elle a trompé parce qu'il est dans sa nature de tromper.

L'homme est dans le même cas. L'adolescent bien peigné, aux vêtements élégants, à l'attitude correcte qui dansera avec vous, mademoiselle, ne vous parlera pas, soyez-en sûre, — et il aura raison, — des aventures galantes dans lesquelles il a perdu beaucoup d'argent et peut-être un peu de santé, ni de sa dernière maîtresse, une fille ardente qu'il gardera jusqu'au jour de son mariage, pour la reprendre quelque temps après, ni de sa passion pour le jeu, ni de son besoin de locomotion qui le pousse à ne jamais rester chez lui. Vous croyez le connaître parce qu'on vous aura assuré que c'est « un bon garçon », parce qu'il aura l'air doux en vous regardant, parce qu'il vantera les joies de la famille et les ivresses d'un amour pur et durable. Erreur ! Il vous trompe, lui aussi, car il est dans sa nature de tromper.

Au reste, vous n'irez pas chercher si loin et vous ne tenterez pas d'approfondir : la pensée du mariage, celle de quitter les jupons maternels, la perspective d'avoir de belles robes et beaucoup de diamants, d'aller à une jolie noce qui sera la vôtre, vous éblouira, et vous ne songerez pas à vous demander quel lendemain réserve ces fêtes qui font travailler votre jeune imagination.

Nous avons supposé jusqu'ici des jeunes gens en âge de se marier, mais qui ne sont pas pressés et attendent l'occasion. La situation devient bien plus difficile encore, lorsqu'il s'agit de malheureux, impatients d'en finir et qui se sont donné un délai fixe pour entrer en ménage.

Beaucoup, vivant isolés, sans relations, ne sachant à quelle porte frapper, sont obligés d'avoir recours à l'intervention d'un tiers. Le plus souvent, cette intervention se présente sous la forme d'une vieille amie de la famille, qui, ne pouvant plus depuis longtemps songer au mariage pour elle-même, aime encore à y songer pour les autres. Elle connaît un grand assortiment de jeunes filles à marier, première qualité et bon teint. Elle vous présente dans une maison où on sait ce que vous venez faire et où, par conséquent, — comme vous êtes agréé d'avance, — on met tout en œuvre pour vous séduire : La jeune personne vous sourit, c'est un ange ;

plein de candeur et de soumission, la belle-maman vous paraît pétrie de miel et de sucre, le papa affecte des airs de rondeur qui vous enchantent. Bref, tout s'arrange, et il ne peut en être autrement, car vous comprenez à merveille que ce début vous enchaîne : dire non après cette première entrevue ce serait vous placer dans un trop mauvais cas. Vous figurez-vous un peu la colère de la bonne dame qui a mis sa diplomatie et son salon à votre disposition, si le lendemain vous venez lui dire : « Décidément, je n'épouse pas votre protégée, elle a de trop grands pieds. » Du coup vous vous brouillez avec cette vieille amie, qui ne comprend pas que son choix n'ait pas été ratifié ; avec les parents, qui voient une injure dans votre refus, car ils ne trouvent pas le pied de leur héritière trop long ; avec les amis des parents, etc..... Vous devenez un être *immariable*.

Il faudrait pour braver tout cela avoir un courage que vous ne possédez pas. Et puis, votre désir de vous marier vous enlève la perception exacte des choses : si vous découvrez dans la future quelque défaut trop sensible, vous vous dites avec une fatuité superbe que, une fois marié, vous corrigerez cela, que son caractère se pliera au vôtre. En un mot, vous vous emballez. Voilà comment on finit par épouser une femme maigre, brune et acariâtre, alors qu'on a rêvé une femme blonde, grassouillette et tendre.

Il y a encore les agences dites matrimoniales qui opèrent en grand et dont les articles sont aussi variés que possible ; avec elles vous avez l'avantage de pouvoir rompre sans scrupules, mais vous courez risque d'être trompé grossièrement sur la qualité de la marchandise et de prendre pour du neuf ce qui aura déjà servi : en outre, la question de rémunération proportionnelle à la dot donne à l'opération un caractère de trafic qui répugne.

Il faut cependant avouer que dans le nombre il se rencontre des gens qui font ce qu'on appelle des mariages d'amour, mais il est douloureux de constater que ce sont généralement ceux-là à qui l'avenir réserve les plus cruelles désillusions : ils dressent leur tente au milieu d'une campagne pleine d'ombres et de parfums, sans songer que l'hiver arrivera, que les feuilles tomberont, que les parfums se dissiperont et que les arbres qui les protègent contre la chaleur ne les protégeront pas contre le froid.

La dernière scène du cinquième acte des comédies est toujours charmante, tout le monde s'attendrit et s'embrasse, c'est fort joli, mais l'impression changerait à coup sûr dans beaucoup de cas si l'auteur ajoutait un sixième acte à sa pièce et si le jeune premier et la jeune première reparaissaient, plus vieux de quelques lustres, pour raconter ce qu'est devenu leur enthousiasme et leur flamme.

Combien en a-t-on vu de ces mariages faits contre vent et marée, parfois malgré la volonté des parents, dans lesquels avant la fin de l'année on parlait déjà de séparation ! Riches héritières qui s'éprennent de l'officier élégant qu'elles ont rencontré à cheval ou qui les a invitées à danser au bal du général ; pigeons pattus qui se laissent prendre aux coquetteries d'une fille adroite et ambitieuse, dressée dès l'âge le plus tendre par leur respectable mère à la pêche aux maris et dont les beaux yeux tourneront un jour en coulisse au profit d'un autre, par suite de l'habitude qu'ils auront prise.

Sans doute, on voit des jeunes gens qui, se connaissant de vieille date et ayant découvert les affinités secrètes de leurs caractères, surmontent les obstacles et réalisent un projet longuement caressé; mais, ceux-là sont les élus, et ils apparaissent rarement dans une société où les conventions entourent les jeunes filles d'une barrière infranchissable, et ne leur donnent la liberté de vivre par elles-mêmes que lorsque leur vie ne leur appartient plus.

Rencontrer une femme dans le monde, la trouver jolie et spirituelle, ce n'est pas l'aimer, les amitiés ne se forment pas si vite; or, l'amour sans l'amitié n'est que le désir, et celui-ci une fois satisfait, que reste-t-il?

La conclusion de tout ceci est donc que, quelle que soit la méthode employée, on ne sait jamais bien au juste ce qu'il adviendra. Une maison vous paraît belle et confortable, vous l'examinez depuis la cave jusqu'au grenier, vous l'achetez, et c'est en l'habitant que vous découvrez si elle est froide, humide et de fondements peu solides; mais vous avez la ressource de la revendre, tandis que dans le mariage, l'acquisition est à perpétuité.

Priez donc le ciel de vous rendre la main heureuse, lui seul peut quelque chose à votre bonheur.

PREMIÈRE PARTIE

FAITS QUI PEUVENT SERVIR DE BASE A UNE DEMANDE DE SÉPARATION DE CORPS OU DE DIVORCE

CHAPITRE PREMIER

UN PEU D'HISTOIRE

Causes de répudiation chez les Romains. — La législation au moyen âge. — Pendant la Révolution et le premier Empire. — Depuis la Restauration.

Nous ne voulons pas faire un ouvrage juridique; néanmoins, procédant à la façon des auteurs graves, il ne nous semble pas inutile de donner un léger aperçu historique de la question : cette étude rétrospective consolera les ménages modernes, qui se convaincront que leurs maux ont existé dans l'antiquité la plus reculée et que les causes de troubles conjugaux étaient, autrefois, au moins tout aussi nombreuses que maintenant.

Sans remonter jusqu'au déluge, on con
state déjà, au temps de Romulus, l'existence
du droit de répudiation. Un mari pouvait en
user contre sa femme lorsque celle-ci avait
commis un adultère, préparé du poison,
falsifié ses clefs, ou bu du vin à son insu.
De ces quatre causes, les modernes n'en ont
conservé qu'une : l'adultère. Les femmes
ont renoncé à l'étude des poisons ; si elles
veulent en administrer à leur mari, elles se
contentent de l'acheter chez l'apothicaire
tout préparé et prêt à être servi ; le vol entre
époux n'est pas puni par la loi, et les dames
maintenant boivent du champagne sans scrupules. Depuis Romulus les mœurs se sont
adoucies.

Les maris avaient encore le droit de répu-
dier leur femme pour tous autres motifs qui
leur semblaient bons, mais alors ils devaient
donner la moitié de leur fortune à celle dont
ils se séparaient et l'autre moitié à Cérès, ce
qui refroidissait considérablement leur zèle.

Plus tard, les cas de répudiation furent
étendus, et la femme put être renvoyée dans
sa famille, sans avoir droit à l'amende, si

elle gardait le silence sur les complots dont elle avait connaissance, si elle avait festiné ou si elle s'était baignée malgré défense de son mari avec des étrangers, si elle avait découché, enfin si elle avait assisté en cachette aux spectacles du cirque ou du théâtre.

Ajoutons, et cela montrera déjà que les hommes se sont fait dans tout les temps la part la plus belle, que, dans le principe, les Romaines n'avaient pas le droit de répudiation contre leurs maris.

La loi des Douze Tables rétablit l'équilibre. La femme eut alors la faculté de demander le divorce, si son mari conspirait, s'il avait attenté à sa vie ou ne l'avait pas vengée d'une attaque, s'il la livrait à la prostitution, s'il lui imputait faussement un adultère, s'il entretenait une concubine dans le domicile conjugal ou s'il avait dans une maison tierce des rapports fréquents avec une autre femme. On verra que notre code s'est inspiré sur bien des points de ces dispositions.

Dans l'ancien droit français le divorce n'était pas admis; la religion catholique, qui proclame l'indissolubilité du mariage et dont le pouvoir se faisait alors sentir même dans les institutions civiles, n'autorisait que la séparation de corps. La constitution de septembre 1791 déclara que le mariage était uniquement un contrat civil qui devait cesser d'exister par la volonté des parties ou par suite de l'inexécution des conventions par l'une d'elles. La loi du 20 septembre 1792, s'appuyant sur ce principe, admit trois sortes de divorces : 1° le divorce par consentement mutuel; 2° le divorce pour incompatibilité d'humeur, prononcé sur la demande de l'un des époux; 3° le divorce pour causes déterminées.

Ces causes, dont nous retrouverons quelques-unes dans la séparation de corps, étaient la démence, la condamnation à une peine afflictive ou infamante, les crimes, sévices ou injures graves, le dérèglement de mœurs notoire, l'abandon de la femme par le mari ou du mari par la femme pendant deux ans au moins, l'absence de l'un d'eux sans nouvelles, pendant cinq ans, l'émigration dans les cas prévus par les lois.

En même temps que le divorce était établi,

la séparation de corps, par suite d'une réaction naturelle, était supprimée.

Napoléon, qui avait besoin de s'appuyer sur la Révolution et sur la religion, donna satisfaction à l'une et à l'autre en adoptant les deux systèmes.

La Restauration, à son tour, fut dans son rôle en répudiant tout ce qui venait de la Révolution, et elle abolit le divorce; mais en supprimant les quatre chapitres qui lui étaient consacrés, elle négligea de compléter les six articles où se trouve renfermée la théorie de la séparation de corps.

Un projet de loi fut bien présenté à la Chambre des pairs pour réparer cette lacune, mais déjà on faisait de la politique et on se livrait à des discussions byzantines au lieu de s'occuper des questions sérieuses, et le projet n'eut pas de suite.

Le jour est proche où le législateur comprendra que le divorce est une institution nécessaire, et qu'aucune loi humaine ne doit forcer deux êtres qui ne peuvent vivre ensemble à supporter à jamais une chaîne devenue trop lourde.

La séparation de corps n'est qu'une demi-mesure qui ne donne satisfaction à personne et oblige, sous peine d'immoralité, la victime à un isolement, douloureux dans les classes riches et presque impossible dans les classes pauvres; avec elle la femme adultère a le droit de souiller un nom qui a légitimement cessé de lui appartenir, et les enfants dont on met l'intérêt en avant sont les premiers atteints par une situation qui n'a ni dignité, ni franchise.

CHAPITRE II

Sous la législation de 1804, parmi les causes de divorce se trouvait le consentement mutuel des époux. Cette cause n'a pas été étendue à la séparation de corps, et il est à craindre, nous le constatons avec regret, que le Sénat ne la laisse point subsister dans la nouvelle loi sur le divorce votée par la Chambre. Nous en parlerons cependant pour montrer ses avantages, et pour réfuter l'opinion de ceux qui s'imaginent qu'avec ce système le mariage se brisait et pourrait encore se briser du jour au lendemain, par suite de la fantaisie des conjoints et sans autre forme de procès.

Et d'abord, ce consentement mutuel ne pouvait pas se produire avant deux ans ni après vingt ans de mariage, ni lorsque la femme avait quarante-cinq ans ; en outre, l'autorisation des parents qui eût été nécessaire au mariage des parties, l'était aussi à leur demande : garanties sérieuses qui devaient mettre obstacle aux coups de tête et au parti-pris.

Les conjoints étaient tenus de fixer par écrit à qui les enfants nés de leur union seraient confiés, soit pendant le temps des épreuves, soit après le divorce, dans quelle maison la femme se retirerait et résiderait provisoirement, enfin la somme que le mari lui payerait lorsqu'elle n'avait pas de revenus suffisants pour subvenir à ses besoins.

Les époux se présentaient ensuite, ensemble et en personne, devant le président du tribunal civil de leur arrondissement et faisaient la déclaration de leur volonté. Le magistrat leur adressait telles représentations et exhortations qu'il croyait convenables et indiquait les conséquences de leur démarche. Dans la première quinzaine des quatrième, cinquième et dixième mois qui suivaient, l'un et l'autre devaient renouveler la manifestation de leur volonté, en rapportant chaque fois la preuve que leurs pères, mères ou autres ascendants vivants continuaient à les approuver.

Dans la quinzaine du jour ou l'année était révolue, à partir de la première déclaration, les époux, assistés chacun de deux amis, personnes notables dans l'arrondissement, requéraient du président l'admission du divorce. Le tribunal examinait ensuite si les pièces étaient régulières et il renvoyait les parties devant l'officier de l'état civil pour faire prononcer le divorce dans les vingt jours, sous peine de déchéance.

On voit qu'avec toutes ces précautions la

demande en divorce par consentement mutuel n'était pas un jeu, mais la manifestation
sérieuse d'une volonté longuement mûrie.
Lorsque pendant un an, des époux et leurs
familles persistaient dans une pareille résolution, il faut bien admettre que des raisons
graves les déterminaient, et cette méthode
présentait l'immense avantage de ne pas
obliger les plaideurs à dévoiler les causes de
leur désunion et à étaler en public les plaies
de leur ménage.

Ajoutons encore que, pour ne rien négliger
des obstacles propres à détourner de la voie
du consentement mutuel, si le divorce n'était
pas commandé à l'un et à l'autre époux par
les causes les plus impérieuses, la loi déci-
dait que la moitié des biens de chacun
d'eux serait acquise, de plein droit, du jour
de leur première déclaration, aux enfants nés
de leur mariage.

Enfin, avec le divorce par consentement
mutuel. aucun des deux époux ne pouvait
contracter un nouveau mariage qu'après un
délai de trois ans.

Aussi, lorsqu'on vient dire que le divorce

par consentement mutuel était une large porte entièrement et toujours ouverte au caprice, à la légèreté et à l'inconstance, on se trompe étrangement.

Malgré les puissants arguments qui militent en faveur de ce mode de dissolution du mariage, le législateur ne l'a pas admis pour la séparation de corps, et le contrat par lequel les époux arrêtent de vivre séparés n'est en rien obligatoire, aucun d'eux ne peut par lui être contraint de contribuer aux dépenses d'entretien de l'autre, ni de renoncer à son droit de demander plus tard la séparation judiciaire.

La seule ressource qui reste donc actuellement aux époux désunis, mais qui n'ont cependant pas des faits graves à se reprocher, pour se séparer, est de simuler des causes de séparation et de tromper la justice par des preuves mensongère. Le moyen est assez simple et la fraude d'autant plus facile que le consentement des parents n'est pas là comme garantie. Quelques querelles en public et un soufflet devant témoins, en voilà assez pour atteindre le but qu'on se propose.

Arrivons maintenant aux causes de séparation et de divorce admises par le code.

La loi place en première ligne les excès, les sévices et les injures. Elle ne s'explique pas davantage, il lui eût été, du reste, difficile de le faire, sous peine de tomber dans une nomenclature longue et toujours incomplète. C'est donc aux magistrats seuls qu'il appartient de décider ce qu'on doit entendre par excès, par sévices et par injures.

Dans cette matière, comme dans beaucoup d'autres, la jurisprudence est souvent en désaccord avec elle-même, et tel fait qui a paru grave à un tribunal a été jugé par un autre léger et insuffisant.

Ces différences de manière de voir s'expliquent. Les événements intimes de la vie influent, en effet, avec force et d'une façon inconsciente sur les opinions. Comment veut-on que le célibataire, par exemple, apprécie certains faits comme un homme marié ? Est-ce que le magistrat qui a à se plaindre de sa femme, — cela se rencontre, — ne sera pas tout disposé à punir dans la plaideuse les écarts qu'il n'a point le courage de réprimer chez lui ? Prenez trois hommes jouissant d'une humeur douce, quelque peu folâtre, doués d'un bon estomac et d'une femme aimable, convaincus que les maris malheureux sont des imbéciles « qui ne savent pas s'y prendre », il y aura de grandes chances pour que ces trois hommes aient un fond inépuisable d'indifférence à l'égard des misères conjugales sur lesquelles un plaideur cherchera à les apitoyer, et ils apporteront dans l'examen du procès une philosophie qu'ils se sentent tout disposés à avoir... pour les autres.

Règle générale : les célibataires sont plus indulgents que les maris, probablement parce qu'ils ont moins à se plaindre du mariage, à moins qu'ils ne viennent de se brouiller avec leur maîtresse, car alors les femmes, sans exception, seront à leurs yeux les plus misérables des créatures.

En résumé, chaque juge est un peu semblable à ce charcutier qui, appelé à siéger dans un jury, trouvait que le plus grand crime au monde était de voler du saucisson à un étalage.

Quoi qu'il en soit de ces petites partialités inhérentes à notre nature, de l'ensemble des jugements et arrêts peuvent se dégager un certain nombre de principes admis par tous.

Et d'abord, on considère comme excès ou sévices et par suite comme causes de séparation, tous les actes de violence, non pas seulement ces actes qui mettent pour l'avenir la vie de la victime en danger, mais aussi les actes qui indiquent une brutalité incorrigible ou un oubli complet des égards qu'on se doit entre époux.

Il importe donc d'établir une distinction, selon que les conjoints appartiennent à telle ou telle classe de la société et ont reçu une éducation qui les rend plus ou moins sensibles aux violences dont ils peuvent être l'objet. Et, quoi qu'en pensent plusieurs auteurs ayant écrit *ex-professo* sur la question, ce n'est pas faire une injure à l'honnête condition des cultivateurs ou des ouvriers que de la considérer comme une excuse à des emportements même graves.

Si Coupeau, après une tournée à l'assommoir, donne par hasard une taloche à sa

« dame » parce que la soupe n'est pas prête, Coupeau aura grandement tort, mais si le fait ne passe pas à l'état d'habitude et si la taloche ne s'est pas transformée en « une danse » qui a laissé bosses et meurtrissures, il paraît bien difficile de prononcer de ce chef la séparation de corps. Et cela pour deux raisons : dans le monde de Coupeau on se donne volontiers quelques coups, c'est un argument employé dans les méthodes d'éducation, —argument regrettable, mais admis; — le voisin use parfois du même procédé à l'égard de sa moitié, et celle-ci au besoin l'imite. Une trop grande susceptibilité serait donc ici hors de propos : « Un mari a le droit de battre sa femme, pensait-on au moyen âge, pourvu que ce soit modérément. »

En outre, — et voilà le point principal, — Coupeau en battant sa femme n'a eu nullement l'intention de lui marquer son mépris ou sa haine; on se bouscule un peu, on ne s'en aime pas moins, et la dynastie des Coupeau continuera à se fonder ce soir-là tout aussi bien qu'un autre : « Quelques coups de bâton, entre gens qui s'aiment, disait Sganarelle, ne font que ragaillardir l'amitié. »

Donc, s'il n'y a pas de répétition indiquant un parti pris de brutalité, la cause de séparation ne naît point, quoique, à proprement parler, il y ait eu excès et sévices.

Si au contraire un homme du monde, après avoir passé sa nuit au cercle et y avoir perdu plus de louis qu'il n'aurait voulu, répond en rentrant aux reproches de sa femme par un soufflet... un seul ! la situation devient grave, car nous ne sommes plus dans le même milieu. La victime n'a pas été habituée à recevoir des soufflets, pour elle un coup devient non seulement une violence, mais encore une injure sanglante, l'acte de son mari indique un mépris profond et il lui est difficile de pardonner.

Après un pareil oubli de ses devoirs le coupable pourra, tant qu'il voudra, frapper à la porte de l'épouse outragée, celle-ci n'ouvrira pas et il sera obligé d'aller rêver tout seul au danger de rester trop tard au cercle, d'y perdre de l'argent, d'en revenir nerveux et de donner un soufflet à sa femme.

Il y a là évidemment une cause de séparation de corps, d'autant plus caractérisée que cette voie de fait aura été certainement précédée d'autres procédés blessants, et qu'elle n'aura été que le dernier chapitre d'une rupture depuis longtemps préparée.

Le même raisonnement se peut appliquer aux injures. Les expressions grossières sont la monnaie courante des gens à qui leur éducation en a beaucoup appris et qui ne recherchent pas dans le terme son exactitude, mais sa sonorité.

De même que dans leurs plaisanteries ils emploient volontiers le mot cru, au lieu de la périphrase dont le sens leur échapperait, de même, dans leurs colères, ils se servent de vocables que l'académie reconnaît, mais n'encourage point; ils ne sont qu'un écho de l'entourage au milieu duquel ils vivent. Tel, autrefois, le perroquet Vert-Vert, après son voyage au long cours, faisait, sans y entendre malice, voltiger sur son bec les p... et les g...

Les femmes du peuple connaissent si bien toutes ces épithètes, que dans leurs querelles entre elles, elles ne dédaignent pas de les employer. Il ne convient donc point d'attribuer à ces injures plus de valeur qu'elles n'en ont réellement.

Si nous supposons maintenant que la scène se passe entre époux dont l'éducation a aiguisé la sensibilité, aussitôt l'injure prend une importance plus considérable : non seulement celui qui l'emploie oublie toutes les convenances et tous les égards dus à son conjoint, mais de plus il lui témoigne un mépris dont rien ne pourra effacer l'impression.

Ce que le magistrat, en un mot, doit rechercher avant tout, c'est de savoir si les faits qui lui sont soumis ont eu un caractère assez grave pour indiquer la rupture complète et empêcher un rapprochement. Sa mission est là. Son rôle est celui du médecin qui, d'après les symptômes de la maladie, décide à quelle période elle en est arrivée, et juge si la guérison est possible ou si au contraire le mal est incurable.

Entendons-nous donc bien : même dans les ménages de la seconde catégorie, ce ne sont pas de simples mouvements de vivacité, quelques paroles dures, échappées dans des moments d'humeur ou de mécontentement qui peuvent donner lieu à une séparation, il faut des actes graves et dont le caractère blessant soit bien caractérisé.

L'association conjugale, a dit un arrêt, a pour chef le mari, et il est de son devoir plus encore que de son droit de diriger sa femme, de compléter son éducation morale, lorsqu'elle est jeune, et de prendre avec amour, mais avec fermeté, les moyens nécessaires pour cela. L'appréciation de ces moyens et des circonstances dans l'infinie variété desquelles ils peuvent être nécessaires ne doit être faite qu'avec une souveraine réserve, et autant la femme doit être protégée contre une brutalité imméritée et persistante, autant il est impossible de ranger toujours parmi les injures et les sévices graves les actes de vivacité maritale. D'ailleurs, dans cette vie commune que la nature, la religion et la loi aspirent à rendre inséparable, les époux doivent tolérer réciproquement bien des torts, conséquence nécessaire de l'humaine faiblesse, et la loi ne doit intervenir que lorsqu'ils rendent cette vie commune insupportable.

Bien des jeunes femmes, dont la susceptibilité est exagérée, croient voir dans les premiers tiraillements du ménage un signe certain de malheur et de désaccord pour l'avenir et ne parlent de rien moins que de mettre fin aussitôt à une existence qui leur semble à jamais troublée. Les magistrats ne peuvent prêter la main à ces coups de tête. Les ciels les plus purs ont parfois leurs orages ; il faut en prendre son parti et ne point désespérer si vite.

Oh ! les premiers désenchantements de la jeune mariée ! combien peu ne les ont point éprouvés ! On s'était fait un si joli tableau de la vie à deux, on croyait si bien que les extases dureraient éternellement, que la satiété n'arriverait jamais, et que la volonté de l'un serait le désir de l'autre. L'ennui, la mauvaise humeur, les impatiences, l'indifférence de certaines heures étaient rayés du programme : monsieur devait être en adoration perpétuelle ; pas d'affaires pour le retenir hors du logis et faire refroidir le dîner, pas de préoccupations qui rendent le front pensif ; n'a-t-il pas là une main amie pour le soutenir? Ah bien! oui, cela a duré quelques mois, pendant le voyage de noces, alors qu'il n'avait rien de mieux à faire, et puis, une fois revenu chez lui, dans son intérieur, monsieur s'est assoupi dans son bien-être, il a cessé de se montrer assidu et galant, il a eu des distractions, il a repris la routine de son existence; s'il ne retourne pas encore au cercle, il a déjà des rendez-vous *de la plus haute importance* qui se prolongent un peu tard. A coup sûr il se fatigue de sa petite femme. Il aura été repris par une de ses anciennes maîtresses, — car il a eu des maîtresses, et beaucoup. — Un soir, il est revenu avec un cheveu blond sur l'épaule gauche : le doute n'est plus possible. « Décidément, se dit la pauvre abandonnée, je suis bien malheureuse. » Et l'imagination travaille, travaille et enfante des monstres.

Mais, ce n'est pas tout : aux premiers reproches monsieur a répondu par des caresses, —pour endormir les soupçons naissants, —aux seconds, il a haussé les épaules, il a eu quelques mots aigres pour « l'enfantillage des petites filles qui sortent du couvent et ont peur de tout. » Alors, madame s'est désespérée de plus en plus, elle a regretté le passé, sa vie tranquille d'autrefois, elle a entrevu tout un avenir de douleurs et de larmes; si elle est vive, elle se sera fâchée, et dans la colère des phrases regrettables auront été dites; si elle est d'un tempérament mélancolique, elle aura boudé.

Voilà le premier cap à doubler dans le voyage au long cours que les époux vont accomplir, cap d'autant plus dangereux que les matelots ne sont pas encore habitués aux tempêtes et que les moindres récifs les effrayent. De cette première lutte contre les éléments contraires dépend peut-être le succès de la traversée.

Tous les ménages, — et les meilleurs, — ont eu de ces moments difficiles à passer; attendons un peu, et surtout ne parlons point déjà de séparation.

Votre mari a tort de n'être plus aussi tendre que dans le début de votre mariage, d'accord ; il s'occupe trop de ses affaires et pas assez de vous, il est coupable : mais dites-vous bien que cela devait arriver un jour ou l'autre et qu'un homme ne peut passer sa vie aux genoux de sa femme, ni être toujours éloquent. Que voulez-vous ! Il faut accepter les choses comme elles viennent et les maris comme ils sont. Le temps et surtout votre habileté aplaniront bien des obstacles.

Si, malgré vos efforts, le mal devient sérieux et irrémédiable, alors vous demanderez un secours à la loi ; mais commencez par faire un essai loyal et ne voyez point dans les froissements inévitables au frottement de deux caractères qui ne sont pas encore habitués l'un à l'autre les signes certains de malheurs imaginaires.

C'est le langage que tiennent les magistrats aux époux trop susceptibles, et ils ont raison.

Faits injurieux. — Nous n'en avons pas fini avec les causes de séparation que comprend la dénomination générale d'*injures*. Ce mot ne doit pas seulement s'entendre dans le sens de paroles grossières, mais aussi dans celui de faits injurieux ; or beaucoup de choses peuvent se classer sous cette étiquette.

« Les chagrins, dit Merlin, — rien de l'en-
« chanteur, — les peines, les travaux, peu-
« vent et doivent jusqu'à un certain point
« être mis sur la même ligne que les mau-
« vais traitements. Qu'importe, en effet,
« qu'une femme périsse victime des effets
« lents, mais irrésistibles de la douleur que
« lui causent les outrages continuels d'un
« mari qui la hait, ou qu'elle expire sous
« l'effort meurtrier des coups dont il l'ac-
« cable ! » Qu'importe que le vase soit brisé
d'un coup violent ou qu'il ait reçu un choc
plus doux,

> Si, la légère meurtrissure
> Mordant le cristal chaque jour,
> D'une marche invisible et sûre
> En a fait lentement le tour.

Les actions ont un langage plus significa-
tif que les paroles et quand les époux en sont
arrivés à ne plus se borner aux discussions
intimes, lorsqu'ils affichent ouvertement
leur dédain et leur aversion par des actes
publics, le doute cesse d'exister et le mal est
devenu sans remède.

Mais là encore, ce qu'il faut rechercher

c'est l'intention, et la justice est en droit d'exiger qu'on lui apporte une preuve certaine et irrécusable de la désunion.

Si donc une femme vient dire : « Mon humeur et celle de mon mari ne se peuvent concilier, nous n'avons les mêmes goûts pour rien et les discussions naissent à propos de tout ; je suis douée d'une âme sentimentale et lui n'est qu'un être matériel indifférent à toute poésie, il ne comprend pas les délicatesses innées de la femme, il me reproche les notes de ma couturière et me refuse une loge au théâtre, comment voulez-vous que je sois heureuse avec un homme semblable ? »

Si elle dit cela pour appuyer sa demande, ou si, malgré les expressions tragiques dont ils sont recouverts, les faits ont prouvé qu'il n'y avait que cela, on lui répondra : « Il est fâcheux assurément, femme sensible, pour une épouse sentimentale d'avoir un mari qui ne l'est pas, bien fâcheux encore d'avoir un mari qui n'aime pas le théâtre quand soi-même on l'adore, etc., etc., mais, dame ! la séparation n'a pas été créée pour les incompatibilités de cette espèce ; avec l'âge la poésie disparaîtra peu à peu, et dans quelques années vous comprendrez que rien ne gâte le teint, et la santé comme la lumière du gaz et la chaleur d'une salle de spectacle. Consolez-vous donc et tâchez de faire consister votre bonheur en d'autres choses, vous ne vous en porterez pas plus mal et votre ménage ira mieux. Allez en paix, si c'est possible, et ne revenez plus ! »

Point de séparation ni de divorce, tant qu'il n'est pas démontré que la concorde a subi une atteinte grave, que l'une des parties a manqué d'une manière sérieuse au contrat qui la liait, que les motifs de dés-union sont d'une nature telle, que le temps les augmentera au lieu de les faire dispa-raître, que les époux en un mot sont devenus des ennemis irréconciliables dont l'accouple-ment est un mal pour la société.

Abordons maintenant quelques espèces, — comme on dit au palais.

La jurisprudence admet que la plainte en adultère d'un mari contre sa femme consti-tue une injure grave, lorsque rien ne vient

justifier une accusation aussi outrageante ;
elle admet également que les allégations
blessantes produites au cours d'une instance
en séparation par l'un des plaideurs peuvent
être relevées par l'autre et lui donner les
moyens d'obtenir gain de cause, et l'on a vu
ce résultat bizarre d'époux séparés, non point
pour les faits qu'ils articulaient, mais à raison des injures qu'ils s'étaient dites dans
l'instance au sujet de ces faits.

Plusieurs arrêts ont décidé qu'une lettre
injurieuse peut suffire pour motiver une séparation ; d'autres ont décidé au contraire
que ce n'était pas suffisant. Il est assez difficile de trancher cette question d'une manière
générale : on ne s'explique point, en effet,
l'envoi d'une lettre injurieuse sans l'existence
d'événements antérieurs qui la motivent, et
ce sont ces événements seuls qui peuvent
permettre de donner à la lettre son véritable
caractère : les injures verbales précèdent généralement les injures écrites, et un mari qui,
sans motif, enverrait à sa femme une lettre
blessante et grossière passerait à bon droit
pour un insensé. La force que peut avoir une

lettre de ce genre n'est donc réelle qu'autant qu'elle résume, pour ainsi dire, les injures antérieures, et montre que leur auteur a répété de sang-froid ce qui avait pu lui échapper dans la colère.

Les lettres écrites à des tiers dans un but diffamatoire, et sans autre raison que de porter à la connaissance du public des faits injurieux pour le conjoint, sont aussi susceptibles de devenir des armes puissantes entre les mains de la partie qui les invoque. Mais si ces lettres ont un caractère éminemment confidentiel, si elles ne sont que la plainte secrète d'un époux qui se croit outragé, il nous paraît inadmissible qu'elles puissent être alléguées : aucun texte, il est vrai, n'interdit leur production, mais il y a là une question de tact et d'honnêteté qui doit faire repousser l'emploi d'un pareil procédé : aussi, malgré l'opinion d'auteurs considérables, il a été souvent jugé dans ce sens.

Nous arrivons à l'examen de deux questions qui ont à maintes reprises donné lieu à de vives et sérieuses controverses.

Maladie vénérienne. — La première est de

savoir si la communication du mal vénérien constitue une injure. Il faut franchement être bien jurisconsulte pour hésiter à répondre.

Beaucoup disent non, se basant sur ce que ce mal n'est pas incurable. Étrange raisonnement : vous ne tuez pas tout à fait votre victime, en se soignant longtemps elle en réchappera, donc pas d'injure. Et d'abord, affirmer que toutes les maladies vénériennes sont guérissables, c'est aller un peu loin : bon nombre de médecins, et encore plus de malades, ne sont pas de cet avis : en outre, la guérison possible n'enlève rien au fait de sa gravité.

La communication du mal est la preuve indéniable de l'adultère et d'un adultère qui a quelque chose de particulièrement honteux; or, quoique l'adultère du mari n'entraîne la séparation, comme nous le verrons plus loin, que s'il a été commis avec une concubine dans le domicile conjugal, il est des cas où le magistrat, interprétant la loi dans un sens raisonnable et intelligent, doit, à défaut du délit légal qui n'est pas suffisamment carac-

térisé, retenir l'injure qui en est la conséquence immédiate.

On dira bien que les vengeances de Vénus
ne rendent pas un époux plus coupable, et
qu'il est injuste de punir un galant malheureux dont cet accident constitue la véritable
faute. L'argument n'a qu'une valeur relative :
la gravité des fautes se juge forcément d'après
leurs conséquences, et quoique le manquement à la foi jurée soit le même, par exemple,
pour la femme adultère, qu'elle devienne enceinte ou non des œuvres de son amant, il
n'en est pas moins vrai que le délit prend
une importance plus considérable si un enfant adultérin a été introduit dans le ménage.
Cela est tellement évident, que c'est dans la
prévision même de cette hypothèse que le
législateur s'est montré plus sévère pour la
femme que pour le mari : il est donc de toute
justice que si à son tour le mari compromet
par son adultère l'avenir de sa famille, il soit
puni suivant les conséquences de sa faute.

Le but de la loi, nous ne saurions trop le
redire, est de séparer les époux qui semblent
irrévocablement désunis et dans l'existence

desquels il s'est produit un fait de discorde que rien ne peut apaiser. Or, il est facile de deviner les sentiments d'une femme qui a souffert à ce point des légèretés de son mari que sa santé et sa vie même, ainsi que celle de ses enfants, se trouvent en danger, qui, par la trahison d'un compagnon indigne, est atteinte d'un mal, apanage exclusif de la prostitution.

D'autres auteurs se refusent à voir dans la communication du mal vénérien une cause de séparation, sous prétexte que le code n'a pas rangé ce cas au nombre de ceux qu'il prévoit. A cet argument il est encore aisé de répondre, car il suffit de lire les articles consacrés à la séparation pour se convaincre qu'en réalité, le législateur n'a rien défini et qu'il n'a voulu rien définir : il s'est borné à indiquer trois classes et il a laissé aux magistrats le soin d'apprécier et de ranger les faits dans la classe à laquelle ils doivent appartenir. Or, nous venons d'indiquer les raisons qui nous font considérer l'adultère du mari ayant eu pour conséquence une maladie vénérienne comme une injure grave.

Il peut arriver que la communication du mal vénérien soit le résultat d'une maladie contractée avant le mariage. Notre solution sera identique à celle de l'espèce précédente. L'homme qui, en se mariant, souille de la sorte la couche nuptiale, commet à l'égard de sa femme une injure sanglante : il s'aliène pour toujours son estime et sa tendresse ; par le fait même qu'il est atteint d'une maladie sujette aux rechûtes, il se trouve dans la situation de l'impuissant. Il est vrai que l'impuissance n'est plus maintenant une cause de séparation; mais cela tient uniquement aux difficultés de la preuve, difficultés qui ne se rencontrent pas ici.

Si nous nous plaçons à un autre point de vue, nous voyons dans le silence gardé par le futur au moment de son mariage sur un fait qui serait de nature à l'empêcher, une dissimulation criminelle et une injurieuse réticence tout aussi grave pour l'homme qu'elle le serait pour la femme qui cacherait une grossesse ou son inscription sur les livres de la police. On ne devrait faire fléchir la rigueur de cette règle que si le futur avait été de bonne foi et avait cru son mal guéri; il serait cruel, en effet, de le rendre victime d'une faute inconsciente.

Dissentiments religieux. — La seconde question est plus passionnante encore, car elle touche au domaine moral; c'est une question du for intérieur qui ne peut trouver dans la loi positive une solution assurée. Le refus du mari de permettre à sa femme l'accomplissement de ses devoirs religieux constitue-t-il une injure grave?

Précisons: il s'agit d'un mari qui ne veut entendre parler ni du prêtre ni de l'église et qui défend formellement à sa femme d'accomplir les devoirs que lui prescrit sa religion, non pas seulement les pratiques que l'Église conseille sans les ordonner, mais les pratiques obligatoires. Laissons de côté les dévotes au zèle exagéré, toujours en quête de confessionnaux et de directeurs spirituels, oubliant que leur place est surtout au foyer domestique et dont le mysticisme a besoin d'être apaisé. Nous supposons une femme véritablement convaincue, habituée à croire qu'il y a d'autres obligations à remplir que les obligations du monde, que la religion est une nécessité dans la vie et la prière une force pour les faibles et une consolation pour les malheureux.

A vrai dire, une pareille chrétienne, en présence de l'irréligion et de l'intolérance de son mari, ferait peut-être mieux de supporter ce despotisme sans murmurer : il y aurait là un sacrifice méritoire ; en outre, elle pourrait tenter d'amener l'incrédule à ses croyances. La douceur et le temps sont deux grands maîtres, et on prétend que le diable en devenant vieux a beaucoup de dispositions pour devenir ermite. Le miracle ne serait donc pas nouveau.

Mais si cette femme n'a pas la douceur qui fait les saints, si elle n'aspire pas au martyre, si elle appartient à l'Église militante et si sa conscience lui reproche cette patience comme un abandon de ses devoirs, de quel droit l'obligerez-vous à supporter un joug qui lui est odieux ?

Je sais bien que ceignant votre écharpe et avec la gravité d'un officier de l'état civil dans l'exercice de ses fonctions, vous répondez : « La femme doit obéissance à son mari. »

Halte-là, s'il vous plaît; l'obéissance dont parle la loi n'est pas sans limites. Autrefois, la femme était l'esclave de son mari et l'ignorance faisait partie de ses attributions. Le caractère essentiel du mariage était l'implacable absolutisme du maitre et seigneur, pouvoir brutal inutilement déguisé sous la pompe des plus gracieuses cérémonies, à peine voilé par les chants délicieux de l'épithalame qu'entonnait le chœur des vierges. Aujourd'hui, la femme est montée au niveau de l'homme; on ne songe plus à lui refuser une âme, elle n'est plus l'esclave, la machine domestique des temps anciens, elle a le droit de penser et d'avoir une personnalité, — elle en abuse même quelquefois.

En se mariant la jeune fille ne se donne pas un maître, mais un soutien, un ami; elle apporte son cœur, mais elle n'asservit pas son intelligence.

Le mariage, en un mot, ne supprime point la femme au profit du mari. Chacun conserve sa manière de juger les choses, et le princi-

pal devoir de tous est la tolérance. Quelle que
soit la croyance de sa femme, le mari doit la
respecter; s'il veut dominer, imposer sa volonté et noyer tout ce qui l'entoure dans le
rayonnement de son orgueil il dépasse ses
droits. C'est un mari tyran, bien plus, c'est
un mari maladroit, ce qui, en mariage
comme ailleurs, est pis. Qu'il use de son
influence et de la force que lui donne son
amour, il le peut, car, en matière de sentiments, nous avons tous le droit de propa-
gande et de persuasion, mais c'est là tout.
George Sand a cherché à prouver dans mademoiselle de la Quintinie que ce procédé
avait des chances de réussir.

Le caractère injurieux des entraves mises
par le mari à l'exercice du culte de sa femme
résulte aussi de ce qu'il manque à ses promesses. Il sait qu'elle a été élevée dans une
famille religieuse, il a laissé bénir son mariage par le prêtre et il s'est engagé par cela
même, sinon à partager ses convictions, du
moins à ne pas mettre d'entraves au libre
exercice de sa foi. En revenant sur cette
convention tacite, le mari devient félon.

Enfin, l'amour semble bien loin quand on en arrive à de pareils procédés, et rien n'est plus blessant pour la femme que de se voir traiter en enfant incapable de raisonner ses actes.

L'incrédule aura beau dire, pour se justifier, que le culte religieux n'est à ses yeux qu'une formalité vaine, une marque d'aveugle soumission à de superstitieuses croyances, et que son but est d'élever les esprits jusqu'à ce superbe dédain des préjugés où lui-même est parvenu, jusqu'à ces régions sereines où l'âme en pleine possession d'elle-même ne cherche sa règle que dans les lois positives : l'intention peut être bonne, nous n'en disconvenons pas, mais ce qui constitue ici l'injure c'est le procédé, et dans la plupart des choses de la vie le procédé joue un grand rôle.

Il faut bien se garder de faire de cette question une question religieuse, et il n'y a pas à se demander si l'incrédulité du mari est plus sage que la croyance de la femme : ce qu'il importe de savoir c'est si l'un a le droit de faire violence aux sentiments de l'autre.

Nous pensons que ce droit n'existe pas et c'est pourquoi nous avons rangé parmi les injures graves l'entrave du mari à l'accomplissement des devoirs religieux de sa femme.

Notre solution serait encore la même s'il s'agissait — cas beaucoup plus rare — d'un Daniel Rochat quelconque refusant de faire consacrer par la religion son mariage célébré devant l'officier de l'état civil. Les libres penseurs militants, qui se croient obligés de donner des exemples à la société, doivent s'adresser à des familles qui pensent comme eux et ne pas blesser dès le début des croyances qui peuvent leur paraître puériles, mais qui au moins sont respectables. Or il est beaucoup plus pénible pour une jeune fille religieuse de ne pas voir son mariage béni par le prêtre qu'il n'est humiliant pour le libre penseur d'assister à une cérémonie qui n'entraîne point une profession de foi.

La loi reconnaît enfin, comme cause de séparation, la condamnation de l'un des époux à une peine infamante, c'est-à-dire à une peine prononcée pour crime; elle ne

parle point des condamnations pour délit,
et il y a là une lacune que le projet de loi
soumis à la Chambre a fait disparaître. Le
vol, l'escroquerie, l'abus de confiance, l'outrage public à la pudeur entraînent, en effet,
des condamnations qui, quoique correctionnelles, n'en sont pas moins déshonorantes.
En revanche le même projet de loi a retranché, avec raison, de la liste des condamnations déclarées infamantes; celles qui
seraient prononcées pour des crimes et
délits politiques et qui n'entraînent aucune
dégradation morale, de nature à justifier une
demande en divorce.

Nous n'insisterons pas davantage sur les
autres faits injurieux qui sont susceptibles
de servir de base à la séparation de corps ou
au divorce. On comprend qu'ils peuvent varier à l'infini et il nous suffit d'avoir indiqué
le principe qui doit guider le magistrat dans
l'appréciation de ces faits. Là où il y a parti
pris de vexation et oubli des règles les plus
élémentaires qui doivent diriger les rapports
des époux, la séparation interviendra; là au
contraire où il n'y a qu'un manque de tact

passager ou un désaccord futile le demandeur sera débouté.

Jusqu'ici nous avons vu les griefs invoqués
généralement par les femmes, car on comprend que les brutalités et les actes de despotisme dans un ménage viennent le plus souvent de l'homme, et il n'y a guère que les légèretés de conduite de l'épouse, considérées
comme injures graves, qui puissent être alléguées par lui. Nous arrivons maintenant au
grief commun aux deux époux et dont le
mari semble le plus souffrir aux yeux de la
loi et aux yeux du monde.

CHAPITRE III

L'ADULTÈRE

Les attraits de l'adultère. — Le mari qui tue. — Le mari qui se console. — Le mari qui plaide. — Les fautes de la femme et les fautes du mari aux yeux de la loi et aux yeux du bon sens. — L'adultère physique et l'adultère moral. — Peines correctionnelles. — Comme quoi le délit n'intéresse que le mari. — Maison commune. — Plainte du mari. — Fins de non recevoir. — Comment se prouve l'adultère. — Flagrant délit. — Correspondance. — Enquêtes. — Poursuites contre le complice. — Dommages-intérêts.

Voilà le chapitre attendu, celui qui sera lu le premier par beaucoup; on aura ouvert le livre, parcouru la table des matières, et les pages indiquées sous cette rubrique auront été coupées avant les autres, si tant est que

les autres doivent l'être. Il faut donc que ce
sujet ait un bien vif attrait. Mon Dieu oui!
toutes les femmes y pensent, même les plus
immaculées, car toutes ne se plaisent-elles
pas à parler d'amour et l'adultère n'a-t-il pas
l'apparence d'un fruit de l'amour, fruit d'une
espèce particulière dont la fleur s'est épanouie malgré le jardinier en dépit des mauvais vents et des orages?

Toutes veulent examiner de près ce fruit-
là, même celles qui n'ont pas l'intention d'y
mordre; elles en respirent le parfum, cherchant s'il ne leur révélera pas quelque chose
de ce goût exquis que doit avoir le véritable
amour, cette perpétuelle curiosité de leur
cœur. A force d'entendre toujours parler de
passion, de la voir poétiser et glorifier par
les écrivains et les artistes, elles se disent
qu'il doit pourtant se trouver une raison à
tout ce bruit, qu'il n'y a jamais de fumée
sans feu et que l'idéal n'est pas un fantôme,
puisque tant de gens prétendent l'avoir rencontré. Or, comme cette passion, elles ne
l'ont pas encore goûtée, elles se demandent
avec inquiétude si, par hasard, elle ne se

cacherait pas dans ce fruit défendu qui fait l'envie et la haine de ceux dont les lèvres ne peuvent l'atteindre.

Examinons donc le rôle considérable que cette recherche de l'inconnu joue comme dissolvant dans le mariage.

Certes, il y a beaucoup plus de ménages désunis par suite d'incompatibilités d'humeur et de violences réciproques que par l'adultère, car celui-ci, malgré la facilité avec laquelle il germe, a besoin d'être favorisé par certaines conditions de climat ou de culture pour se développer.

A côté des femmes qui ne veulent pas tromper leur mari parce qu'elles l'aiment ou parce qu'elles ne se sentent en rien poussées vers un amour étranger, se trouvent les femmes à qui l'occasion a manqué et qui, malgré leur bonne volonté, n'ont pas découvert d'amateur ou du moins l'amateur de leur choix.

L'adultère ne désunit donc pas autant d'époux que ces mille autres causes de discorde qui surgissent tous les jours entre personnes de caractères opposés et que la loi oblige à être dans un contact perpétuel; mais en fait, il est la base la plus fréquente des séparations de corps.

Les querelles se passent à huis clos; à moins que les combattants n'aient un besoin d'expansion qui les pousse à faire entrer les voisins dans leurs confidences, personne ne s'y trouve mêlé : l'adultère, au contraire, a toujours des indiscrétions qui mettent le public en tiers et c'est généralement par une lettre anonyme ou par un mot entendu au hasard que le mari reçoit son premier soupçon. Le scandale est l'objet de toutes les conversations; la conduite de l'une et l'ignorance de l'autre sont devenues la fable de la ville et des faubourgs; il n'y a donc plus aucun ménagement à garder : aussi on introduit gaillardement et sans hésitation sa demande de séparation, en réponse aux bruits malveillants.

Si personne n'en avait parlé, le mari n'eût peut-être rien su; s'il avait su quelque chose, il y a fort à penser qu'il n'aurait pas fait d'esclandre. Le public a donc inconsciemment une grande part dans les séparations de corps.

L'adultère engendre trois classes de maris bien distinctes.

Il y a d'abord ceux qui ne soupçonnent et ne soupçonneront jamais rien : hommes excellents, pleins d'amour pour une femme qui se moque d'eux; ils jouissent d'une confiance absolue dans la sérénité de leur ciel conjugal : vous pouvez leur dire, sans crainte, qu'ils sont trompés, ils vous riront au nez. Ces maris-là prennent l'amant en affection, l'attirent chez eux, se remettent sur lui du soin d'amuser leur femme; ils vivent parfaitement heureux et ne détestent pas plaisanter après boire sur les infortunes maritales de leur voisin.

Jamais ces époux parfaits ne songeront à se séparer; si par hasard, ils trouvaient un intrus dans le lit de leur femme, celle-ci leur démontrerait qu'ils sont dans leur tort et s'écrierait au besoin, comme certaine dame surprise en cette occurrence : « Eh! quoi! monsieur, c'est ainsi que vous me protégez!»

La procédure n'a pas à compter sur cette espèce-là.

Il y a ensuite les maris qui savent tout et

ne s'en portent pas plus mal. « Quelle imprudence, madame, si c'était un autre que moi ! » disait l'un d'eux en voyant un amant aux genoux de sa femme.

Pour faire partie de cette classe, il faut qu'on ait soi-même beaucoup de peccadilles à se faire pardonner. Alors le silence n'est qu'un calcul, à charge de revanche.

Un assez grand nombre de ménages en arrivent à ce compromis, au bout de quelques années de cohabitation. On ne s'était jamais plu et on ne se plaît plus du tout ; le mieux est donc de se trouver, chacun de son côté, une existence selon ses goûts : une sorte de divorce amiable intervient, par lequel les deux époux consentent tacitement à se laisser une mutuelle liberté dans leurs faits et gestes. Madame a des amants quand bon lui plaît ; monsieur entretient une maîtresse, et tout est pour le mieux dans le meilleur des mondes.

On pourrait encore ranger dans cette classe les maris qui cherchent à tirer le plus grand parti possible des dispositions galantes de leur femme pour battre monnaie, soit en acceptant les cadeaux destinés à faire aller le ménage, soit en décrochant quelque place, grâce aux sollicitations que la dame a le secret de mener à bonne fin. Les cornes sont comme les dents, a écrit un profond penseur, elles ne font de mal que lorsqu'elles poussent et il y a des gens qui mangent avec. Cette dernière espèce se rencontre plus souvent qu'on ne se l'imagine, mais là encore ne fleurit pas la séparation de corps, car y recourir, ce serait tuer la poule aux œufs d'or.

Reste la troisième classe. Oh! celle-là est terrible : elle se compose des clairvoyants et des tragiques; on y respire une odeur de sang; il y a des ruses, des guet-apens, des sanglots dans l'air. Nous sommes en présence du mari qui sait tout et qui n'est pas content.

Cette situation comporte trois dénouements.

Le mari concentre sa rage, aiguise son grand coutelas, dresse ses embûches et tue sa femme ou son amant, même au besoin tous les deux. Cette solution est simple et primitive, mais elle est brutale et bruyante : elle attire en outre une multitude de contrariétés à sa suite.

Autre dénouement : le mari songe d'abord à se tuer lui-même, puis à tuer la coupable (en admettant, bien entendu, qu'il ne s'arrête pas à sa première pensée), puis à tuer l'amant; mais son cœur est faible et hésitant; il se contente de placer un petit discours ému et bien déduit avec le pardon comme péroraison, puis il cherche à se consoler par le souvenir des grandes infortunes antiques. De tous les maris trompés c'est celui qui souffre le plus : il sent qu'il est ridicule aux yeux du public ignorant de certaines délicatesses du cœur, et pour peu que la femme retourne à son ancien vomissement, ce qui est dans les choses probables, la situation alors devient odieuse.

Enfin, le mari a au fond de son âme l'étoffe d'un procédurier, il préfère les voies légales; il cherchera dans l'arsenal des lois les armes qui le vengeront. Certain de son désastre, vite il court l'apprendre à son avoué, à son avocat, à ses juges, au public :

le linge sale va se laver devant le peuple,
portes ouvertes; en avant le papier timbré!

Voilà la troisième solution et c'est celle
que nous devons étudier.

Il y en a bien encore une quatrième qui
consiste à planter là la femme et son amant,
— au plus grand déplaisir de ce dernier —
mais comme elle est la plus pratique on ne
l'emploie guère.

Chez les femmes trompées, les classes que
nous venons de signaler se rencontrent également : il y a la femme qui ne sait rien, la
femme qui se console, la femme qui se dé-
sole et la femme qui plaide.

Ce que la loi pense de l'adultère. — Le législateur a voulu que l'adultère de la femme
fût toujours une cause de séparation de
corps, tandis que l'adultère du mari ne peut
être allégué que s'il a été commis dans des
conditions particulières, si la concubine a
été entretenue dans le domicile conjugal. De
cette disposition, il résulte qu'aux yeux de la
loi, l'union d'un ménage n'est pas grave-
ment troublée lorsque le mari a la précaution
de louer à ses maîtresses une chambre en ville.

Les femmes trouvent bizarre cette différence entre leur adultère et celui de leur seigneur et maître et elles accusent l'homme d'avoir écrit les lois qui règlent leur destin sous cette épigraphe sanglante : « Væ victis ! malheur aux faibles ! » Beaucoup partagent cet avis.

Le législateur, pour se servir ainsi de deux poids et de deux mesures, part de cette idee qu'au point de vue moral la faute de l'une est plus grave que celle de l'autre ; or, si cela est vrai en thèse générale, au regard de l'épouse cela cesse de l'être.

La femme attend la fidélité de son mari, non pas comme preuve de sa moralité, mais comme preuve de son amour et au nom de la foi promise.

Si elle est trahie, on n'apaisera pas son ressentiment en lui disant que son mari a de par la loi naturelle, les sens plus excités qu'elle et les appétits plus étendus, qu'il peut avoir des maîtresses et ne pas cesser de l'aimer, qu'enfin il ne lui rapportera pas d'enfant à la maison.

A ces arguments que les hommes font volontiers valoir, elle répondra : « Je n'admets point que mon mari soit, au point de vue des conventions conjugales, dans une autre situation que moi : il peut être fidèle, donc il doit l'être. Que me parlez-vous de l'excitation de ses sens ! mais, ne suis-je pas là pour la calmer ? Et mes appétits ! sur quoi vous basez-vous pour prétendre qu'ils sont moins développés que les siens ? Moi aussi, j'ai une imagination qui, si je la laissais parler, me pousserait volontiers dans les dérèglements que je lui reproche. Il m'aime, malgré tout, dites-vous; je ne le crois pas et il ne me croirait point non plus si, le trompant de mon côté, je lui affirmais que mon amour est resté le même. Enfin, son adultère n'introduira aucun enfant au foyer domestique ; sans doute, mais, pour peu que Vénus ne lui ait pas été propice, il introduira en revanche quelque germe que ni la science ni le temps ne pourront détruire, et, si l'on calcule le nombre de maris qui rapportent le susdit et celui des femmes qui reviennent enceintes de leurs échappées conjugales, on trouvera certainement que la

supériorité est aux premiers, car il est incontestable que les femmes ont beaucoup
plus de facilités pour éviter l'un que les
maris pour se préserver de l'autre. »

Cette réponse n'est pas sans réplique,
nous le verrons bientôt, mais il suffit que
celles qui l'invoquent soient sincères pour
lui donner une certaine force, et dans le domaine des sentiments ce qu'on croit vrai est
bien près de l'être.

Maris, mes frères, lorsque un beau jour
vous découvrirez que le minotaure est entré
chez vous et que votre épouse vous trompe
au profit du voisin d'en face ou d'à côté, vous
ressentirez une vive et légitime contrariété.
Eh bien! soyez convaincus que lorsque votre
petite femme apprend que sa couturière,
une cocotte en renom, ou même une de ses
amies, est votre maîtresse, elle éprouve une
contrariété non moins vive et non moins
légitime : si elle vous aime.... bien entendu,
car le cœur de la femme qui n'aime plus son
mari renferme des trésors d'indulgence pour
ses erreurs, tandis que l'homme, à cause de
ce diable d'amour-propre qui se loge partout,

tient toujours à ce qu'aux yeux du public il ne paraisse pas atteint d'une, infirmité qui, au fond, doit lui être indifférente, puisque en pure psychologie l'adultère n'existe qu'autant que l'époux trompé aime encore l'épouse qui le trompe.

Il est donc hors de doute que l'adultère fait au cœur ou à l'amour-propre du conjoint dont on trahit la foi une blessure absolument semblable, que le traître soit le mari ou la femme.

Si maintenant on envisage la question d'un autre côté, il faut convenir — et les femmes sensées seront les premières à le faire — que le plus souvent l'adultère de l'homme prend un caractère beaucoup moins sérieux que celui de la femme, et cela tient aux motifs différents qui poussent l'un et l'autre.

L'homme qui ne recherche dans l'amour qu'une distraction sans veille ni lendemain, que la satisfaction d'un besoin passager des sens ou de l'imagination surexcitée, profite de la première tentation qui s'offre. A l'être envoyé par le hasard il ne demandera qu'un plaisir purement physique ; chez lui, les sens seuls seront en jeu, aucune union d'esprit ou de cœur ne naîtra de ce contact de deux épidermes et, la passion satisfaite, il quittera, sans chercher à la connaître, une femme qu'il ne reverra plus.

Certes, cette manière d'envisager l'amour est loin d'être poétique, mais la vérité oblige à avouer qu'un grand nombre, à défaut d'idéal, se contentent de cette prose-là.

Or, un mari en rupture de ménage, éloigné momentanément de sa femme et qui fera un écart de ce genre, commettra à coup sûr un adultère; mais franchement, il n'est pas possible de dire que sa faute aura été assez lourde pour entraîner une séparation de corps. L'infidélité n'aura été qu'apparente, la bête seule, pour nous servir d'une expression biblique, s'est donnée carrière. L'éloignement, la tentation ont fait tout le mal; le coupable a possédé une autre femme, mais il ne s'est pas laissé posséder par elle.

Le raisonnement est peut-être subtil, n'est-ce pas? et il ressemble étrangement à celui de ces pères jésuites déclarant qu'on peut se livrer au péché de luxure pourvu que l'esprit n'y soit pour rien. Creusez-le un peu et vous reconnaîtrez qu'il est absolument vrai. Pour qu'il y ait adultère, il faut que le mari ait reporté sur une autre l'affection qu'il doit à sa femme.

Notre argumentation cesserait d'être exacte si, au lieu d'une faute unique et éphémère, le mari avait à se reprocher des fautes habituelles et durables. Si, au lieu d'une de ces échappées dont nous venons de parler, il se créait des relations suivies et fondait une succursale de sa maison conjugale, un de ces ménages marrons qui tiennent l'autre en échec, il marquerait alors un véritable mépris pour sa femme et son abandon constituerait un adultère assez bien caractérisé pour que le législateur en fasse la base d'une demande en séparation de corps, — ce qu'il a négligé de faire.

Passons maintenant au côté des dames. Il sera facile de démontrer que l'adultère de la femme a nécessairement ce caractère de gravité qui indique la disparition de tout amour pour le mari.

Ce que la femme recherche, en effet, dans

un amant — et cela est à son honneur —
c'est beaucoup plutôt l'affection que le plaisir des sens, non point que celui-ci n'ait
aussi sa part, mais il est secondaire; on ne
voit jamais une femme, à moins qu'elle ne soit
malade ou profondément corrompue, se livrer au premier venu pour le quitter aussitôt
après; au contraire, il y a toujours dans son
cœur un fond de sentimentalité, un assoiffe-
ment d'idéal qui la pousse à battre des
ailes pour chercher dans l'éther pur l'âme
sœur qu'elle a rêvée.

L'âme sœur! il y a des femmes qui vivent
et meurent dans sa perpétuelle attente; elles
croient de bonne foi à l'histoire des poires
coupées par moitié, mises dans un immense
panier et mêlées par le Créateur pour que
leur réunion devienne presque impossible.

Vous comprenez bien que l'âme sœur
n'est généralement pas celle du mari, ce serait trop de chance que de l'avoir trouvée
du premier coup; alors on se met en quête.

Celles qui estiment qu'une tentative bonne
ou mauvaise suffit, s'en tiennent à leur premier amant, mais elles sont rares; les au-

tres pensent qu'il faut aller jusqu'au bout à la poursuite de l'inconnu, et, comme la main n'est pas toujours heureuse, comme les amants eux-mêmes donnent des déceptions et de cruelles, — car ils sont souvent les plus prosaïques des poètes et songent à tout autre chose qu'à planer dans l'espace — elles continuent, les ailes meurtries, jusqu'au moment où l'heure de rentrer dans sa tente, pour cause d'âge, a sonné.

Et notez que la femme ne cesse pas un instant d'être sincère, elle espère toujours que le nouvel amant sera le dernier et chaque fois elle s'abandonne tout entière, commettant le double adultère moral et physique; elle chasse du temple le dieu légitime, le dieu de la mairie et de l'église, pour le remplacer par une fausse idole.

Cette différence immense entre la conduite de la femme et celle de l'homme se rencontre également en dehors du mariage. L'existence d'un jeune homme modéré, n'étant pas même ce que l'on appelle libertin, ressemble néanmoins en bien des points à celle d'une prostituée : maintes fois il aura étudié « in animâ vili » toutes les formes de l'amour, maintes fois il aura fait la répétition de la pièce qu'il jouera dans son ménage ; nul ne s'en formalise, et quoique ces préliminaires habituels ne soient pas indispensables pour faire un bon mari, jamais un père de famille ne songera à y voir un vice rédhibitoire, d'aucuns même y verront une garantie pour l'avenir. Chez un homme le cœur peut rester vierge, en dépit des aventures où sa sensualité l'a entraîné.

Si une jeune fille, au contraire, ne s'est pas bornée aux rêves du couvent, et si elle est allée jusqu'à la pratique, soit avec un petit cousin, soit avec le groom de madame sa maman, peu de gens penseront que cela ne tire pas à conséquence et qu'une fois mariée la jeune personne « se rangera ». La légèreté de la jeune fille prouve une dépravation profonde et un dévergondage extrême de sens et d'imagination, tandis que chez le jeune homme elle n'indique qu'une ardeur mal réglée ou une faiblesse de caractère.

Saisissez-vous la nuance et voyez-vous maintenant en quoi l'adultère de la femme porte à l'avenir conjugal des coups plus terribles que celui du mari?

Un détail peut résumer la situation. Le mari qui trompe sa femme ne parlera pas à sa maîtresse de son ménage, tandis que la femme qui trompe son mari parlera toujours de lui à son amant. Elle le ridiculisera et tentera de prouver que non seulement elle aime l'autre, mais de plus que son époux lui est devenu odieux.

La femme trompée peut encore être aimée et surtout respectée de son mari, tandis que le mari trompé est voué au mépris et au ridicule.

Le législateur a donc eu ses raisons pour établir une différence entre les deux conjoints et pour ne pas permettre que, quelle que soit la colère de l'épouse outragée, la séparation intervienne lorsque les faits n'ont pas eu une gravité assez grande pour briser à tout jamais les relations. Mais il a été trop loin, ce semble, dans cette voie en n'autorisant pas la séparation, lorsque l'adultère du mari prend le double caractère dont nous venons de parler. Il est étrange, en effet, qu'un mari qui entretient publiquement et avec persévérance une maîtresse ne commette pas un adultère aux yeux de la loi. Les magistrats ont, à la vérité, la ressource de faire entrer son oubli de ses devoirs dans la catégorie des injures, mais rien ne les y oblige et le plus souvent même ils s'y refusent.

Pénalités de l'adultère. — La partialité du législateur se révèle principalement dans la répression pénale de l'adultère. L'homme n'est condamné qu'à une amende insignifiante et la femme va en prison.

Toutes les rigueurs dans la poursuite, toutes les sévérités dans la répression, voilà ce que le code réserve à celle dont la faiblesse lui paraît si grande, qu'en maintes circonstances, il croit bon de lui imposer des soutiens qui sont le plus souvent des entraves. Inégale dans la famille, dans la vie civile, dans le travail, la situation de la femme est encore inégale devant le Code pénal.

Or, la loi qui punit l'adultère de l'emprisonnement n'est pas seulement injuste, elle est de plus maladroite et elle va contre le but qu'on devrait atteindre.

Dans l'espèce, la crainte de la prison n'empêche rien et ne corrige pas. Le voleur peut être arrêté par la pensée du bagne, l'assassin par celle de l'échafaud, jamais une femme pressée par son amant ne calmera ses transports en lui disant : « Songez à l'article 337 du Code pénal ! »

Le délit d'infidélité conjugale a un caractère tout particulier qui ne permet pas de le ranger dans la classe des délits punissables par une peine corporelle. On s'est souvent écrié que, par suite des rapports intimes existant entre la famille et la propriété, l'adultère est un vol au premier chef qui introduit la spoliation au foyer domestique. Ce n'est là qu'une comparaison prêtant aux mouvements oratoires, mais qui, dans la pratique, ne doit pas conduire aux conséquences qu'on lui prête.

L'adultère ne touche en réalité que l'époux qui en est victime. Il n'atteint pas directement la société ; celle-ci doit protéger les citoyens dans leur vie, dans leurs propriétés matérielles, mais elle n'a pas à défendre leur honneur conjugal, qui est une propriété morale : cela les regarde. Elle n'a pas plus le droit de punir [la femme adultère que la fille publique.] Il y a eu un contrat intime passé entre les deux conjoints, c'est à eux qu'il appartient de le faire respecter mutuellement; si l'un d'eux manque à ses engagements, le contrat sera brisé et il le sera au préjudice du défaillant, mais la répression pénale n'a pas à intervenir.

Comme mesure préventive elle est inutile, puisque, si la femme n'a que la pensée de la prison pour l'empêcher de tromper son mari, si elle n'est pas arrêtée par la peur de la réprobation publique, du mépris de ses enfants et de ses amis, elle le trompera sans scrupules : comme mesure coercitive, elle est dangereuse, car elle avilit au lieu de régénérer et ne fait naître dans l'âme de la coupable que la révolte et non le remords.

Que devient la femme en sortant de prison? Retourne-t-elle à son mari pour implorer son pardon? Cela ne se passe pas généralement ainsi; elle reprend son ancienne conduite et tombe plus bas encore.

Alors que faire? La laisser libre : il eût mieux valu commencer par là. Sur les quatre cents femmes adultères qui vont en prison chaque année, combien y en a-t-il qui la quittent pour se livrer à la prostitution ! Ni le mari ni la société n'ont intérêt à ce résultat.

Pourquoi, si la punition s'impose comme une nécessité sociale, le législateur a-t-il donné à l'époux seul le droit de provoquer des poursuites ? Pourquoi lui a-t-il permis de paralyser l'action du ministère public en retirant sa plainte, et d'annuler les décisions de la justice en reprenant sa femme pour qu'elle ne subisse pas le châtiment auquel la loi la condamne ? Pourquoi, si le mari a entretenu une concubine dans le domicile conjugal, ne peut-il plus, par une sorte de compensation de méfaits, dénoncer l'adultère de sa femme ? Pourquoi, lorsqu'un adultère est manifestement révélé à la justice par un mari, par exemple, qui réclame au civil le payement de billets souscrits par un amant surpris en flagrant délit, ou par la déclaration sur les registres de l'état civil d'un enfant adultérin, ne poursuit-on pas ? N'est-ce point parce qu'on a compris que la faute n'existe qu'au regard du mari et non à celui de la société? Alors, dans quel but servir une vengeance personnelle et user d'un procédé qui ferme à tout jamais la voie au repentir et à la réconciliation?

Mais, dira-t-on, cette théorie ne va à rien moins qu'à soutenir la thèse de la liberté de l'adultère et à autoriser le mari à se faire justice à lui-même. Pas du tout, l'adultère trouvera toujours sa punition dans le jugement de séparation ou de divorce prononcé contre la coupable et dans l'annulation des avantages matrimoniaux souscrits à son profit. Là doit s'arrêter l'intervention de la loi. L'adultère est le manquement à un engagement civil, la réparation civile suffit.

Quant au droit de vengeance que sa non répression donnerait au mari, nous ne l'admettons pas. Le Code pénal déclare déjà quelque part que le mari qui tue sa femme en flagrant délit d'adultère est excusable. Il commet là une double faute : d'abord, parce qu'il n'accorde pas le même bénéfice à la femme, et que celle-ci doit cependant éprouver un sentiment de colère et d'affolement aussi profond que son mari en voyant l'ou-

trage qui lui est fait; en second lieu, parce
que le principe sur lequel il semble s'appuyer est faux : la femme n'est pas une
propriété comme l'argent, elle se livre volontairement, et son amant en la possédant
ne commet pas un vol qui autorise une
justice aussi sommaire. Encore une fois,
elle manque à un engagement civil, et voilà
tout; c'est se faire de l'honneur du mari une
idée trop mondaine que de s'imaginer qu'il
puisse ainsi être à la merci d'une femme légère et d'un lovelace en bonne fortune.

Donc l'adultère n'excuse pas le meurtre et
la doctrine du « tue-la » repose sur une idée
du mariage absolument erronée.

Certes, le jury sera plus indulgent pour un
crime commis dans des conditions sembla-
bles, et il pensera souvent que la vue de
l'amour brisé et du bonheur anéanti peuvent
expliquer un mouvement de violence; il ac-
quittera peut-être le mari, comme, maintes
fois déjà, il a acquitté la femme, mais c'est à
lui qu'il appartient d'examiner les circonstances de la cause, et la loi ne doit pas poser
en principe que l'infidélité conjugale excuse

le meurtre, pas plus qu'elle ne doit la punir de l'emprisonnement.

Quoi qu'il en soit de nos désirs en matière de réformes législatives, examinons ce qui existe, sans nous préoccuper davantage de ce qui n'existe pas.

Sachez donc, femmes adultères, que votre faute, le lieu où elle se commet, s'appelât-il hôtel garni, domicile conjugal ou même bosquet touffu, est non seulement une cause de séparation, mais que, de plus, elle peut vous faire mettre en prison, si tel est le bon vouloir de monsieur votre époux. Lui, au contraire, toujours à l'abri des cachots et de la paille humide, ne vous fournira un grief susceptible d'être invoqué en justice que s'il a poussé l'audace jusqu'à entretenir une concubine dans la maison commune. Et remarquez que par entretenir une concubine la loi entend avoir des rapports habituels avec la même femme; si donc votre mari, pendant votre absence, se contentait d'introduire une hétaïre dans le lit nuptial, ce serait comme s'il n'avait rien fait.

Peu importe, il est vrai, que la concubine

soit dans la maison en une qualité qui y justifie sa présence , comme une femme de chambre, par exemple, ou une parente ; s'il en était autrement, ce serait rendre presque toujours inattaquable l'adultère du mari. Un auteur cependant soutient, dans sa candeur, que si la domestique a été introduite par la femme, celle-ci n'a plus le droit de se plaindre : ce qui revient à dire qu'un mari peut impunément coucher avec la bonne, car c'est généralement la maîtresse de la maison qui en fait le choix ; les femmes légitimes seraient alors obligées de se mettre à la recherche de servantes dont la laideur offrît toute garantie. — La jalousie conseille toujours, au reste, ce procédé préservateur.

L'expression « maison commune » a donné lieu à diverses interprétations. Il est d'abord incontestable que le législateur entend par là la demeure où résident habituellement les deux époux ; mais on peut aller plus loin et dire que la maison commune est celle où habite le mari, alors même que sa femme n'y serait pas avec lui et n'y aurait jamais été. Rome n'est plus dans Rome, elle est toute où je suis.

Cette dernière opinion, il est vrai, a rencontré des adversaires, mais ses défenseurs allèguent avec raison que la femme ne peut pas avoir d'autre domicile que celui de son mari, qu'elle est censée présente là où il fixe son habitation et que son droit et son devoir étant de suivre son époux partout où il juge à propos de résider, elle peut d'un moment à l'autre le rejoindre : or, il ne faut pas que dans la maison où elle vient habiter elle trouve le désordre et le scandale.

Donc, avis aux maris en rupture de ménage qui s'imaginent être dans une quiétude complète parce qu'ils sont au nord, tandis que leur femme est au midi, à la ville parce que leur femme est à la campagne ; ils courent le risque de voir surgir tout à coup, comme la statue du Commandeur, leur épouse indignée, au milieu de leurs épanchements extraconjugaux. La précaution à prendre en pareil cas, pour le mari, est d'acheter la maison témoin de ses fredaines, au nom de sa complice, il n'y a plus alors de domicile conjugal et la sécurité est assurée.

Ce n'est pas tout, et il reste encore à propos de l'expression « maison commune » une grosse question sur laquelle on n'est pas d'accord. Si la concubine habitait dans la même maison, mais dans un autre appartement et sur le même palier, comme cela se rencontre quelquefois dans les grandes villes, y aurait-il adultère, légalement parlant ? Évidemment oui, car du moment où les coupables logent sous le même toit, l'épouse légitime est exposée chaque jour à rencontrer sa rivale, et c'est là l'injure que la loi a voulu punir.

Les peines de l'adultère varient entre trois mois de prison et deux ans pour la femme et son complice, entre cent et deux mille francs d'amende pour le mari. Remarquons que si le tribunal accorde des circonstances atténuantes à l'un ou à l'autre, la prison peut être réduite à un jour et l'amende à un franc. Un adultère à ce prix, c'est pour rien. Autrefois, du temps de Charlemagne, on mettait à mort la coupable ; plus tard, on l'enfermait dans un couvent, et si elle ne parvenait pas à rentrer en grâce auprès de son mari, on lui rasait la tête et on lui imposait le voile. Ce qu'on voulait faire respecter alors, c'était l'autorité absolue de l'époux. Du mariage, on ne se souciait guère; et à Rome, où il y eut aussi des lois fort sévères contre l'adultère, le mari qui avait assez d'enfants à son gré, pouvait céder sa femme à un autre qui en désirait avoir et le venait prier de la lui bailler à temps ou à perpétuité.

Plainte du mari. — Dans notre législation, le mari seul peut faire poursuivre sa femme pour adultère et il n'est pas tenu de demander au civil sa séparation de corps; mais alors il doit en même temps dénoncer le complice, et, s'il ne le fait point, le ministère public le poursuit d'office.

En principe, lorsqu'une plainte est portée à la justice contre un fait réprimé par les lois, le plaignant n'a pas la faculté d'arrêter l'action sociale qu'il a mise en mouvement, il a beau se déclarer désintéressé, l'affaire suit son cours. Quand il s'agit, au contraire, d'un mari qui dénonce l'adultère de sa femme, la plainte peut toujours être retirée jusqu'au moment du jugement. Le législateur, tout en autorisant les poursuites, a si bien compris qu'elles n'engendraient le plus souvent que du scandale, qu'il provoque l'indulgence du mari, en lui permettant de paralyser l'action publique à laquelle, dans un moment de colère irréfléchie, il a fait appel. Il semble désirer, même dans l'intérêt des bonnes mœurs, qu'un délit qui compromet l'honneur du ménage, flétrit la réputation de la femme et peut porter atteinte à l'avenir des enfants, n'acquière pas une certitude judiciaire par un jugement rendu après l'éclat d'un débat public. A ses yeux, le mari est le premier juge de la question, et il est investi d'une magistrature domestique absolue.

Le plaignant peut donc se désister, et son désistement équivaut, non à un pardon, mais à une preuve légale de la non-existence de l'adultère ; d'où la conséquence logique que l'action arrêtée au regard de la femme l'est également au regard du complice, quand même le désistement ne se produirait qu'en appel, après une première condamnation des deux coupables.

Si le mari vient à mourir au cours de l'in-

stance, la poursuite est immédiatement arrêtée. En un mot, jusqu'à ce qu'une condamnation définitive soit intervenue, il faut que
le plaignant ait par son attitude marqué qu'il
n'abandonnait pas sa première résolution.

Une question assez originale et qui pourrait faire le sujet de quelque comédie a été
posée à ce sujet : Un mari part en voyage et
— comme il faut tout prévoir — il donne
procuration à un sien ami de surveiller sa
femme et de la poursuivre, en cas d'adultère.
Cette procuration est-elle valable ? La jurisprudence répond négativement, d'abord
parce que l'autorité maritale ne se délègue
pas, et ensuite parce que le mari doit assister
à tous les actes de la procédure qu'il a provo-
quée. Notre voyageur en sera donc pour ses
frais de précaution, et force lui sera d'attendre son retour pour lancer ses foudres ven-
geresses.

*Fins de non-recevoir aux poursuites en
adultère.* — Il se rencontre dans les poursuites correctionnelles pour adultère des fins
de non-recevoir que l'époux incriminé peut
invoquer.

La première fin de non-recevoir pour la femme est l'adultère de son mari. Si celui-ci a déjà été condamné de ce chef, il suffira pour repousser son action de produire le jugement qui l'a déclaré coupable : si aucun jugement n'a encore été rendu, la femme dénoncera les faits adultères et élèvera ainsi une question préjudicielle qui tiendra en suspens jusqu'à sa solution l'action du mari; si la femme réussit dans sa preuve elle ne pourra pas être condamnée.

Remarquons toutefois que cette fin de non-recevoir est inopposable lorsqu'il est établi que le coupable a, depuis longtemps, renvoyé sa concubine et mis fin au scandale à raison duquel il a été ou pouvait être condamné. Un fait ancien, et surtout un fait expié, ne peut plus, en effet, être considéré comme une provocation à l'inconduite, susceptible de l'excuser : la loi du talion de l'alcôve n'est admise par la jurisprudence qu'autant que la riposte a suivi immédiatement l'attaque. Que la femme se serve donc de la faute de son mari pour en faire un épouvantail dans son ménage et qu'à l'aide de cette évocation elle obtienne des concessions et une plus grande somme d'indulgence, c'est une tactique de bonne guerre, mais son droit ne peut aller jusqu'à trouver pour l'avenir une absolution complète de ses fautes.

La seconde fin de non-recevoir, invocable par le mari aussi bien que par la femme, est la réconciliation qui se serait opérée entre eux depuis les faits dénoncés ou même depuis la plainte. Nous verrons plus loin, quand nous examinerons les fins de non-recevoir qui peuvent être opposées à une demande en séparation de corps, quels sont les faits qui permettront au tribunal de décider s'il y a eu véritablement réconciliation : observons seulement ici que la femme accusée d'adultère ne pourrait alléguer comme preuve de réconciliation la grossesse survenue depuis la plainte qu'autant que le mari ne paraîtrait pas fondé à considérer cette grossesse comme le fruit de l'adultère lui-même.

La dernière fin de non-recevoir que tout le monde admet est la prescription, grâce à laquelle, après un délai déterminé par la loi, un délit ou un crime ne peuvent plus être poursuivis : dans l'espèce, ce délai est de trois ans à partir du jour où l'époux a eu connaissance de l'adultère.

La connivence du mari peut-elle être opposée par la femme ? La solution affirmative ne paraît pas douteuse : de quel droit, en effet, vient-on se plaindre d'un délit qu'on a soi-même provoqué ? L'espèce des maris qui poussent leur femme à l'adultère et s'en plaignent ensuite est rare ; néanmoins le phénomène se présente, non pas seulement dans ces milieux interlopes où il est admis que le prix de la prostitution de la femme vient s'ajouter chaque jour aux bénéfices du ménage, mais encore dans les régions où l'éducation est plus affinée et où il semble qu'un pareil trafic ne devrait pas être connu. Une jolie femme intrigante et habile peut procurer bien des places à son mari, elle peut par l'intervention d'un riche étranger amener le bien-être dans la maison : il y a des époux qui font ce calcul tout bas et se contentent de fermer les yeux, il y en a d'autres qui le font tout haut et poussent leur femme dans cette voie ; c'est sans doute pour ce genre de spéculateurs qu'a été créé le proverbe « faire flèche de tout bois ».

Dans l'ancien droit, le ministère public qui savait la chose pouvait poursuivre d'office, ce qu'il se gardait bien, au reste, de faire, car les courtisans en quête de moyens de parvenir usaient assez du procédé et on ne s'attaquait guère à eux; les poursuites étaient donc réservées pour le menu fretin.

Depuis le Code pénal, la loi n'a plus à intervenir, elle craint le scandale. Il n'y a rien à objecter à cette prudence; mais au moins, si le mari déçu dans son attente se reprend un beau jour à devenir susceptible et pointilleux, il faut permettre à la femme de lui dire : « Halte-là! vous l'avez voulu, ne vous en plaignez pas! » En pratique, on arrive à ce résultat en n'opposant pas de fin de non-recevoir légale, mais en insinuant discrètement de quoi il retourne, et la coupable presque malgré elle a alors de grandes chances d'être renvoyée des fins de la plainte.

Comment se prouve l'adultère. — L'adultère peut être établi, comme les délits ordinaires, par tous les genres de preuves.

Le premier moyen, celui qui est le plus généralement admis, d'abord parce qu'il est assez simple et ne nécessite pas de grands frais d'imagination, ensuite parce qu'il a pour lui la consécration de l'usage, est le procès-verbal.

C'est le vieux jeu, mais il est bon et manque rarement son effet. La manière de s'en servir ne présente aucune difficulté.

Un mari est-il convaincu de la culpabilité de sa femme, au lieu de fouiller dans ses tiroirs secrets pour y trouver une correspondance compromettante, au lieu de chercher des témoins, il annonce un matin, à haute et intelligible voix, qu'il part le soir même pour un petit voyage devant durer au moins huit jours. A cette nouvelle sa femme s'attendrit, il la rassure en lui démontrant la nécessité impérieuse de cette absence : on fait la malle, recommandation de mettre un grand nombre de faux-cols et de chaussettes — pour la vraisemblance — bref, il part, l'œil humide, après avoir reçu mille serments.

Voilà le premier acte, le dénouement est proche.

Si l'épouse est déjà fort avancée dans le crime, le mari peut revenir dans la nuit même, il verra ce qu'il voulait voir ; si l'épouse est timide, il sera bon d'attendre au lendemain soir. Donc, le voyageur au lieu d'aller à Lyon s'arrête à Corbeil, il arrive subrepticement à son domicile ou à celui de l'amant, muni d'un agent de police à qui le juge d'instruction a donné mandat de l'accompagner et, dès la pointe du jour, le représentant de la morale frappe au nom de la loi. Il y a alors de grandes chances pour que les coupables soient surpris, ainsi que le désirait le législateur romain *in rebus veneris*. Rien n'est plus désagréable pour l'amant et pour la femme, le mari seul est ravi.

Le procès-verbal se rédige rapidement : le commissaire a soin de noter l'état physique des amoureux, leur attitude, leur toilette, et, si le monsieur s'est esquivé, il examine la couche adultère avec soin et ne manque pas d'y découvrir l'empreinte de deux corps « encore chaude ». Avec un pareil procès-verbal, le mari peut se pré-

senter en toute sécurité devant la police correctionnelle, il est sûr de son affaire, la
femme et son complice sont sûrs dé la leur.

Certes, le procédé est pratique et recommandable, son seul inconvénient est d'être
trop bruyant; mais quand on poursuit sa
femme pour adultère, on n'en est pas à un
scandale de plus ou de moins.

Il arrive aussi quelquefois que la femme a
été plus rusée que son mari et a pressenti le
complot, ou qu'une circonstance indépen-
dante de sa volonté l'a empêchée de recevoir
son amant; alors l'effet est manqué, le mari
reste piteux, bien heureux encore s'il en est
quitte pour des excuses au commissaire et
si celle qu'il voulait surprendre ne lui intente pas une action en séparation de corps
pour injures graves.

Quand l'emploi du procès-verbal en flagrant délit n'est pas possible, il faut bien
avoir recours à un autre moyen. Il y a la
correspondance et le témoignage de ceux qui
ont vu ce que le commissaire n'a pu voir.

Certains amants ont pour principe de ne
jamais écrire et de s'en tenir aux déclarations

verbales, car les paroles s'envolent et les lettres restent. Cette suprême ressource est donc quelquefois enlevée au mari; mais si, au contraire, sa femme et son complice ont du goût pour le style épistolaire, il ne manquera pas de trouver dans un petit coin un gros paquet de missives odorantes entourées d'une jolie faveur rose avec des fleurs desséchées, des boutons de culotte (voir *Divorçons!*) et mille choses rappelant des souvenirs plus ou moins délicieux.

Généralement, malgré leur forme poétique, ces lettres sont a. ez claires, non seulement pour fixer le mari, mais aussi pour fixer les juges. Parmi les amants on rencontre parfois des natures sensibles qui, après chaque entrevue, éprouvent le besoin de se résumer mutuellement leurs impressions sur ladite; restés seuls, leur premier soin est de prendre une plume et du papier et de ruminer leur bonheur; puis ils expédient le travail par le plus prochain courrier. Dans ces sortes de mémoires, le mari puisera de nombreux et douloureux renseignements sur la manière d'agir de sa femme dans l'intimité, et plus d'un y découvrira la marque d'une passion et d'une ardeur qu'il ne soupçonnait pas.

L'arme que fournit la correspondance est d'autant plus puissante qu'elle permet, comme le procès-verbal, de frapper le complice en même temps que la femme, car la culpabilité de l'amant pour laquelle la jurisprudence exige, comme nous allons le voir tout à l'heure, des preuves particulièrement décisives, est amplement démontrée par ces aveux émanés de lui.

A défaut de procès-verbal et de lettres restent les témoignages des tiers.

Quel que soit le mystère dont une femme s'entoure et quelque précaution qu'elle prenne, elle a toujours, malgré elle, des confidents à sa faute, d'abord les confidents qu'elle est bien obligée de se donner : domestiques, commissionnaires, concierges, maîtres d'hôtel, et ensuite les confidents qui se chargent eux-mêmes de la surveiller, en vertu du principe qu'il est toujours bon de savoir un peu ce que font les autres. N'oublions pas qu'espionner et bavarder est l'occupation exclusive de bien des gens ; peu leur importe ce qui se passe dans leur maison, pourvu qu'ils sachent ce qui se passe dans la maison de leur voisin : ils vous diront que Mme *** a un amant et que ses domestiques la volent et ils ignoreront que leur femme les trompe et que leur cuisinière fait outrageusement danser l'anse du panier.

Ainsi va le monde ! Tel remarque la bosse au front de son ami qui ne voit pas la corne qu'il a au sien.

Lorsqu'un plaideur fait appel à la perspicacité du public, il lui suffit de citer le nom des témoins qu'il veut faire entendre et le juge d'instruction s'empresse de recevoir leur déposition.

L'enquête établira le plus souvent la culpabilité de la femme. Il ne sera pas nécessaire de prouver qu'elle a été trouvée consommant l'adultère, mais qu'elle a été vue en compagnie suspecte, qu'elle a passé la nuit dans un hôtel avec un tiers, qu'elle a fait quelque excursion trop sentimentale, etc.

La culpabilité du complice dans ce cas est beaucoup plus difficile à établir.

Quoique l'adultère de la femme suppose forcément deux coupables, la jurisprudence se refuse le plus souvent à rencontrer dans les dépositions des témoins des éléments de conviction pour condamner l'amant.

La Cour de cassation a même montré quelquefois un scepticisme inexplicable; c'est ainsi qu'elle a décidé qu'il n'y avait pas preuve légale suffisante pour faire condamner le complice d'un adultère, lorsque les témoignages établissaient seulement la présence de celui-ci, à une époque déterminée, dans la même chambre garnie et dans le *même lit* que la femme mariée. En présence d'un pareil arrêt, on se demande ce qu'il faut aux magistrats pour établir le délit : un conseiller à la cour suprême serait seul capable de coucher dans le lit d'une femme pour y dormir, mais un homme valide ne met pas généralement sa continence en danger pour avoir simplement, à l'instar de Xénocrate, l'honneur de triompher.

Hâtons-nous de dire que de nombreux arrêts sont venus battre en brèche cette théorie fantaisiste : « On ne peut raisonnablement supposer, dit l'un d'eux, que la loi ait entendu exiger la preuve directe de la copulation charnelle proprement dite ; cette preuve, presque toujours impossible, réduirait, si elle était requise, l'action de la loi à l'impuissance. Il suffit que les faits attestés soient tels qu'ils équivalent à la vue du délit et ne laissent aucun doute raisonnable sur la consommation actuelle, au moment dont parle les témoins. »

En résumé, la jurisprudence ne voit pas, comme les Hébreux, une preuve de l'adultère du complice dans le fait d'être resté caché avec une femme pendant le temps nécessaire pour cuire et manger un œuf. — On ne suppose pas qu'en France les choses aillent aussi vite. — Mais pour peu que l'amant se soit attardé une nuit entière dans les bras de sa maîtresse et qu'il y ait été vu, alors « la puissance de l'instinct animal et les lois irrésistibles de la nature deviennent une preuve suffisante du délit », — c'est un arrêt qui parle : les magistrats ont une manière à eux de dire les choses !

L'adultère peut encore s'induire de quelques autres circonstances : de la date d'un accouchement, par exemple, lorsque le mari prouve que pendant la durée possible de la conception, depuis le trois centième jusqu'au cent quatre-vingtième jour avant la naissance il a été dans l'impossibilité matérielle d'avoir des rapports intimes avec sa femme, par suite d'une absence prolongée. A vrai dire, les physiologistes ont prétendu qu'une grossesse pouvait se produire sans rapprochement sexuel et qu'une femme était susceptible de garder son enfant dans son sein plus de 300 jours, mais les magistrats n'accorderaient qu'une très médiocre confiance à un pareil système, et nous ne conseillons point d'y avoir recours.

La fuite de l'épouse coupable avec son prétendu complice et la coïncidence de l'époque où elle est devenue enceinte avec celle où elle a suivi son amant, la naissance d'un enfant cachée au mari sont également des preuves.

La plus péremptoire de toutes serait assurément l'aveu de la femme adultère, mais nous ne pensons pas qu'on en ait jamais vu, même prise en flagrant délit, avouer quelque chose.

Dommages-intérêts. — Terminons en faisant remarquer que le mari peut demander contre sa femme et son complice une réparation pécuniaire.

Dans certaines espèces où l'adultère est environné de circonstances odieuses, les tribunaux peuvent trouver, en effet, qu'il n'y a pas dans les peines prononcées par le Code pénal une répression suffisante du délit ; c'est ainsi qu'on a vu, notamment, des femmes, séparées de corps pour adultère et qui avaient été habiter avec leur amant, déclarées passibles de dommages-intérêts et celui ci condamné solidairement à faire cesser une cohabitation scandaleuse, sous la sanction d'une somme à payer par chaque jour de retard. La Cour de cassation a même déclaré valables les engagements contractés sous forme de donations entre-vifs par la femme, au profit de son mari et de ses enfants légitimes, pour la réparation du préjudice résultant d'un délit d'adultère et de la naissance d'un enfant adultérin, alors que ces

engagements avaient été consentis en vue
d'éviter une condamnation et comme condition du désistement de la plainte portée
par le mari.

Il n'est pas néanmoins entré encore dans
nos mœurs de demander des dommages-intérêts au complice de l'adultère, ce qui serait
cependant un moyen plus efficace que l'emprisonnement pour effrayer ceux qui bra-
connent sur les terres d'autrui. En Angleterre, cela se pratique journellement, et dans
certaine affaire Pailles les juges accordèrent à
la victime 150,000 francs de dommage-inté-
rêts, ce qui représente pour les maris peu
délicats une assez jolie fiche de consolation.

Ajoutons enfin que la loi qui reconnaît au
mari le droit d'arrêter les poursuites com-
mencées à sa requête contre sa femme lui
donne aussi le pouvoir d'arrêter les effets de
la condamnation prononcée contre elle,
mais elle lui impose l'obligation de manifes-
ter son pardon en reprenant la vie commune.
Le cas, au reste, ne se présente pas fréquemment : les poursuites menées jusqu'à
la condamnation prouvent chez le plaignant

une trop grande haine et font naître chez la coupable un trop grand ressentiment pour qu'une réunion viable soit possible ; l'abîme est devenu d'une profondeur que rien ne peut remplir. La femme veut, de son côté, repousser la grâce qui lui est offerte.

Dans l'hypothèse d'une réconciliation après arrêt définitif, la jurisprudence n'admet pas que le complice en profite. Tant qu'une condamnation inattaquable n'était pas intervenue, le pardon du mari faisait présumer le mal fondé de ses soupçons et le complice cessait logiquement d'être poursuivi en même temps que la femme ; dès qu'un arrêt contre lequel aucune voie de recours n'est possible a déclaré les faits constants, les raisons qui poussent le mari à pardonner à sa femme ne peuvent s'appliquer au complice.

DEUXIÈME PARTIE

PROCÉDURE

———

CHAPITRE PREMIER

———

Les lenteurs de la procédure. — La première visite
à l'avoué. — Requête au président. — Le préliminaire de réconciliation.

Nous venons de voir les causes qui peuvent servir de bases sérieuses à une demande
en séparation de corps, causes qui sont les
mêmes si les époux préfèrent avoir recours
au divorce, puisque celui-ci, — nous l'avons
déjà dit, — ne diffère de celle-là que par ses
conséquences dans l'avenir.

Nous savons donc maintenant à quel degré
aigu doit arriver le malaise conjugal pour
rendre possible l'emploi des grands remèdes
et nous arrivons à la partie la plus ingrate,

l'étude de la procédure et la manière de s'en servir. C'est de cette partie que .tant de plaideurs sont ignorants. Ils s'imaginent qu'avec de bonnes raisons bien corsées, bien indiscutables, cela doit marcher tout seul et qu'en quelques jours l'affaire peut être faite. Profonde erreur ! On se marie vite, on ne se sépare pas de même.

Oh ! les lenteurs de la procédure, il faut en avoir été victime pour les connaître. Vous n'avez pas assez de patience pour supporter vos travers réciproques, attendez un peu, il va vous en falloir une forte dose dans toutes les misères qui vont s'échelonner sous vos pas. C'est un véritable chemin de la croix dans lequel vous vous engagez et où vous marcherez pas à pas, avant de parvenir au calvaire où s'immolera votre bonheur.

La scène finale a eu lieu, la dernière goutte vient de tomber dans le vase déjà plein et l'a fait déborder. Cette fois-ci tout est bien fini ; vous sortez de chez vous avec l'intention irrévocablement arrêtée de vous séparer au plus vite. Qu'allez-vous faire ? Le prétoire n'est pas ouvert à tout venant, mais votre

plan est dressé à l'avance, et depuis longtemps vous l'avez médité.

Tout d'abord, vous aviez pensé à prendre
un avocat comme premier confident, parce
que l'avocat représente pour vous l'éloquence
venant au secours de l'innocence persécutée,
le flambeau de la justice humaine, et que
vous croyiez déjà entendre une voix mâle et
généreuse racontant vos tourments, enno-
blissant jusqu'aux moindres détails de votre
existence et écrasant avec des périodes cicé-
roniennes, sous le poids de son indignation
et de ses sarcasmes, l'adversaire piteux et
confus. Vous avez abandonné ce projet : un
ami, quelque peu clerc, vous a expliqué le
dédale dans lequel il fallait entrer et vous a
montré la voie hiérarchique à suivre, vous
avez compris qu'avant tout il fallait *constituer
avoué*. — Voilà le premier mot de procédure
lâché. — Vous allez donc chez *votre* avoué.

Cet officier ministériel n'a rien de distin-
gué, c'est un monsieur généralement assez
crasseux, — en province surtout, — entouré
de vieilles paperasses poussiéreuses et qui,
semblable au champignon, pousse au frais.

Sa large oreille sera le tabernacle où vous êtes appelé à déposer le récit de vos misères conjugales.

Vous arrivez dans une salle qui sent le moisi : de tous côtés votre œil se promène sur de grandes planches noires couvertes de dossiers grisâtres ; les murailles dont le papier tombe en lambeaux sont tapissées, en guise de gravures récréatives, du tableau des huissiers, du tableau des notaires, du tableau des avoués ; le plancher et les chaises en paille sont maculés de taches d'encre ; sur de vieilles tables déchiquetées griffonnent de petits clercs qui copient inconsciemment quelques conclusions interminables, en ayant soin de mettre peu de mots dans la ligne et peu de lignes à la page, à seule fin d'augmenter les frais. Toutes ces frimousses de saute-ruisseau vous regardent effrontément ; soyez-en sûr, ils ne tarderont pas à connaître le but de votre visite. La figure d'un plaideur en séparation de corps n'est pas la même que celle du plaideur pour un mur mitoyen, il y a des nuances que l'habitude apprend à découvrir. Pour peu que

la cliente soit jolie, ils recherchent ses tenants et aboutissants, ils l'épient, et s'ils la
rencontrent quelque part, ils disent à leurs
camarades d'un ton mystérieux : « Vous
voyez cette petite femme là-bas, je connais
son histoire, elle en fait voir de drôles à
son mari. »

La situation du mari trompé, qui vient
chaque semaine chez son avoué voir « si
l'affaire marche », est pénible ; un sourire
gouailleur accueille son entrée ; de main en
main on s'est passé les articulations — autre
mot de procédure, —qu'il a formulées contre
son épouse et il court le risque d'apercevoir,
un beau jour, collée sur le tableau des notaires, sa caricature parfaitement ressemblante
ornée de grandes cornes invraisemblables.
— Les clercs sont sans pitié. — Ce sont les
petites misères qui commencent.

Qu'allez-vous faire dans cette galère, ô
plaideur ? Votre secret n'est plus à vous seul,
tout le monde peut venir fouiller dans les
ruines de votre bonheur, pour y chercher un
sujet de moquerie ou un détail graveleux :
beaucoup de gens vont, pendant un an, au

moins, vivre de vos douleurs, et ils en riront.

Vous attendez ainsi, faisant antichambre, comme chez un grand médecin, ruminant silencieusement tout ce que vous avez sur le cœur, cherchant à mettre de l'ordre dans vos rancunes amoncelées et jetant un regard vague sur le litre à moitié vide et le morceau de fromage enveloppé dans une gazette des tribunaux que les petits clercs ont caché, après leur déjeuner, sous la table.

Tout à coup, la porte s'ouvre : « *deus! ecce deus !* », le maître vous donne audience.

Oh ! vous allez pouvoir dire tout ce que vous voudrez; plus il y aura de faits à coucher sur le papier, plus l'officier ministériel sera satisfait. Parlez, il est là, créé et mis au monde pour vous écouter.

En Angleterre, lorsque le sollicitor entre ainsi en conférence, il a toujours soin de montrer à son interlocuteur, d'un geste plein de noblesse et de résignation, l'aiguille de la pendule, comme le ferait un cocher pris à l'heure. En France, les choses se passent moins brutalement, mais le résultat est le même. Vous le verrez aux honoraires.

En avant! vous n'êtes pas avec un ami prudent et conciliateur qui s'efforcera de ramener chaque chose à son véritable point et de vous faire voir juste, ou à un philosophe qui vous consolera et vous donnera la force nécessaire pour supporter un mal, afin d'en éviter un plus grand. Que lui importe à votre avoué que vous ayez tort ou raison, que vous exagériez ou non! son métier n'est pas d'aplanir les difficultés, mais de faire de la procédure. Il sait fort bien que le plus souvent vous ne vous croirez pas obligé à la sincérité, que parfois même vous garderez la vérité pour vous, si elle semble contraire à vos intérêts, et afin d'être mieux assuré de sa discrétion; il sait aussi que vous lui demandez non seulement d'épouser votre cause, mais encore votre rancune : il les épousera sans scrupules, car il est éminemment sceptique, et il a perdu tant de bons procès dans sa carrière, que les mauvais ne l'effrayent plus.

Et allez donc! vous vous enflammez vous-même, vous découvrez en parlant de nouveaux griefs que vous ne soupçonniez pas :

au lieu de trois articulations vous allez en faire six, neuf, vous arriverez sans peine à la douzaine; vous accumulerez les faits injurieux; les plaies faites à votre bonheur domestique ne suffiront plus, vous chercherez les moindres bosses pour les décrire et les grossir avec une âpre satisfaction.

L'avoué écoutera, rien n'est plus intéressant et plus instructif que d'entendre les plaintes d'un époux, il roulera de gros yeux, poussera des soupirs et se réjouira en dedans. Le malheur conjugal d'autrui égaie. Si le client est une cliente, l'officier ministériel se sentira des ardeurs égrillardes, il risquera un doigt de cour, car il est doux de consoler les femmes malheureuses, et avec celles qui ont déjà fait une chute, on peut tout oser; un coup de canif de plus ou de moins dans le contrat ne se compte pas, et puis... on n'en parlera point dans la procédure.

Enfin! voilà qui est fini : la confession a duré plusieurs heures, — les confessions des fautes des autres sont toujours longues — vous avez vidé votre sac, vous pouvez vous retirer, l'affaire est en bonnes mains.

Vous rentrez au domicile conjugal d'un air vainqueur, cette promenade vous a fait du bien, vous vous sentez soulagé. Attention ! le conjoint doit veiller à lui, toute parole équivoque sera notée, toute démarche consignée : l'avoué vous l'a plusieurs fois recommandé.

Préliminaire de conciliation. — Les choses suivront maintenant leur cours normal. L'instance va s'engager. L'officier ministériel est diligent ; rapidement une requête est mise au jour et présentée par ses soins au président du tribunal civil de la ville où vous habitez avec votre conjoint.

Il pourra arriver, dans le cas où le mari sera défendeur au procès en séparation de corps ou de divorce que, sachant sa réputation un peu endommagée dans la localité témoin de ses exploits, il cherche un tribunal moins au courant de ses faits et gestes et veuille placer le combat sur un terrain plus favorable. Alors il changera de domicile dès qu'il connaîtra les premières démarches de sa femme ; mais l'avoué déjouera cette manœuvre stratégique, il démontrera au tribunal qu'elle a été effectuée par dol, pour distraire sa cliente de ses juges naturels, et le mari sera bien obligé de les subir. Cet incident allongera un peu la procédure et les frais, mais quand on est en procès il faut s'attendre à tout.

Le président du tribunal civil est donc saisi par la requête de l'avoué de la partie demanderesse. Cette requête contient un exposé sommaire des faits qui semblent devoir motiver la séparation ; elle est généralement courte, mais elle porte dans ses flancs des germes qui se développeront ; plus tard on la complétera, on l'augmentera tout à l'aise.

Le président en sait toujours assez pour voir où le bât blesse ; il rend, presque séance tenante, une ordonnance à l'effet de fixer le jour où les époux devront comparaître devant lui, tous les deux seuls, sans avoués, sans conseils, dans une véritable réunion intime.

Cette première levée de boucliers se désigne sous un de ces euphémismes qu'on rencontre parfois dans le Code : *le préliminaire de conciliation.*

Le préliminaire de conciliation est le commencement de tous les procès; ordinairement, il se passe devant le juge de paix du canton, mais ici, à cause de la gravité de la situation, on a pensé qu'il était préférable de renvoyer les parties devant un magistrat plus élevé. Du reste, au point de vue du résultat, cela n'a aucune importance, car il est bien entendu qu'on ne se concilie pas du tout... au contraire. Le président doit faire tous ses efforts pour amener un rapprochement, et il les fait, mais pour raccommoder certaines fractures, il faut une légèreté de main particulière et puis... les pires sourds sont ceux qui ne veulent pas entendre.

Cette comparution des deux époux devant le président, dans le but de se réunir, est la contre-partie cruelle de cette autre comparution dont nous avons parlé plus haut, lorsque les jeunes gens se rencontrent dans la maison tierce où, pour la première fois, on a ménagé leur entrevue. Alors il avait été convenu tacitement qu'on s'entendrait, et maintenant, dans le cabinet du magistrat, il est convenu qu'on ne s'entendra pas.

Loin de là, on profite le plus souvent de la présence d'un tiers revêtu d'un caractère officiel pour se donner la satisfaction de se dire des choses très dures. Aussi la loi, qui a prévu le cas, dispense le président de dresser procès-verbal de ce qu'il aura entendu, il devra se borner à constater la non-conciliation.

Ajoutons enfin que ce préliminaire a si peu d'importance pratique que le défendeur peut ne pas comparaître, la présence seule du demandeur est indispensable pour que le procès puisse s'engager.

Au besoin, le président serait en droit d'exiger plusieurs comparutions et d'ordonner même un sursis, pourvu qu'il ne fût pas trop long. Mais, nous l'avons déjà remarqué, les hommes qui se sentent assez forts pour réconcilier des époux brouillés sont rares, la tâche est trop ingrate et il est passé outre.

CHAPITRE II

MESURES PROVISOIRES

Résidence de la femme pendant l'instance. — La remise des vêtements. — Provision alimentaire. — Garde des enfants.

Après avoir constaté que les époux ne veulent pas se concilier, le président rend une seconde ordonnance par laquelle il les renvoie à se pourvoir devant le tribunal compétent.

Dans cette ordonnance, il est pris en même temps deux mesures dans l'intérêt de la femme : l'une a trait à sa résidence provisoire, l'autre à la remise de ses vêtements.

Le domicile conjugal, en effet, qui n'est

pas déjà très agréable pour des conjoints
en désaccord, devient inhabitable lorsque
les hostilités judiciaires ont commencé. Il
importe de remédier à cette situation inadmissible et d'empêcher les plaideurs de se
dévorer entre eux, ce qui terminerait le
procès d'une façon trop violente. Vous figurez-vous la nature et l'acuité de scènes commençant par ces mots : « Aujourd'hui je suis
allé voir mon avoué et je lui ai dit que... » ;
à coup sûr il y aurait de part et d'autre de
nouveaux griefs à ajouter avant la fin de la
journée. Aussi le président peut fixer à la
femme, demanderesse ou défenderesse, une
résidence hors du domicile commun. La
maison désignée sera le plus souvent celle
de ses parents ou, à défaut, quelque couvent.

Il y a dans le choix à faire une question
de convenance et d'appréciation abandonnée
à l'arbitraire du magistrat. Si, par hasard,
la femme est propriétaire de la maison conjugale, le mari aura à chercher un autre domicile, et s'il refuse de déguerpir on pourra
même l'expulser à l'aide de la force publi-

que. L'ordonnance rendue par le président de ce chef n'est pas susceptible d'opposition, mais le mari a le droit d'en appeler devant le tribunal qui assignera, si bon lui semble, une nouvelle résidence.

Quant aux effets de la femme, le magistrat ordonne également qu'ils lui soient remis. La loi place à côté de ce mot « effets », l'épithète de journaliers, désignation qui ne doit pas être prise à la lettre; il est juste, en effet, de prendre en considération le milieu dans lequel la femme vit et les habitudes qu'elle y a contractées. Une femme qui se sépare n'est pas obligée de porter le deuil et quelques bijoux peuvent, sans inconvénient, s'ajouter aux toilettes. Si le mari refuse de lui remettre les vêtements et autres accessoires désignés par l'ordonnance, elle aura la faculté de les faire saisir par huissier.

Dans un certain monde, il arrive souvent que le mari, en abandonnant le domicile conjugal, a le soin d'emporter avec lui non seulement le linge, mais aussi les meubles dans le but d'enrichir le ménage irrégulier, cause de son abandon, des dépouilles du ménage légitime ; la femme a le droit, en pareille occurrence, de faire assigner le ravisseur, à bref délai, pour se faire payer la valeur des objets enlevés et elle peut au besoin saisir ses biens... s'il en a.

Le rôle du président du tribunal est terminé, il a renvoyé les parties à se pourvoir devant la juridiction compétente et pris les mesures provisoires et conservatoires qui sont de son ressort. L'avoué du demandeur fait donc signifier à son adversaire l'ordonnance qui les renvoie, et par le même exploit il l'assigne devant les juges civils pour voir et entendre prononcer la séparation.

Les prétentions de l'époux qui intente le procès se basent ordinairement sur des faits multiples dont la preuve ne peut pas être rapportée immédiatement : la situation a besoin d'être éclaircie. Il est indispensable d'entendre des témoins et de leur faire dire le pourquoi et le comment ; de là l'origine des enquêtes dont nous parlerons plus loin. Le tribunal doit donc rendre un premier jugement qui autorise ces enquêtes, mais, par la même occasion, il s'occupera de quelques points accessoires qui ne sont plus de la compétence du président seul.

Tout ce papier timbré qui va servir à recevoir des dépositions, toutes ces assignations, tous ces déplacements de gens de justice coûtent cher : pas d'argent, pas de procédure. Or, le mari étant l'administrateur des biens de sa femme et en percevant les revenus, lorsque celle-ci a quitté le domicile conjugal elle se trouve sans ressources. D'un autre côté, il faut qu'elle vive, car les émotions de son procès ne suffiront pas à la nourrir ; il est donc nécessaire de lui accorder ce qu'on appelle une *provision*. C'est le tribunal qui, sur la demande de la femme, condamne le mari à la payer. Après le procès, si les plaideurs sont renvoyés dos à dos, la communauté n'aura pas beaucoup gagné à cette campagne, puisque d'une manière ou d'une autre elle en payera tous les frais.

Cette provision porte le nom de provision *alimentaire* et de provision *ad litem*, c'est-à-dire pour payer la procédure.

La quotité variera selon la position du mari et celle de la femme ; si même cette dernière a une fortune personnelle, il ne lui sera rien dû, et, dans le cas où les rôles seraient renversés, si toutes les ressources sont de son côté, si le mari n'a ni situation ni industrie, c'est elle qui lui doit une provision, en vertu du principe que les époux sont tenus de se porter mutuellement secours et assistance; touchante obligation qui devrait être invoquée pour un meilleur usage.

La provision est allouée à l'avoué qui en poursuit le remboursement contre la partie chargée de la payer.

Ajoutons que si la femme a abandonné sans motif légitime la résidence provisoire que le président lui avait désignée, elle n'a droit à aucun secours, parce qu'elle s'est mise volontairement dans son tort et que la demande en séparation ne doit pas lui donner une liberté dangereuse.

Si le tribunal enfin n'accorde rien à la femme, le mari ne sera pas tenu de payer les dettes qu'elle aura contractées depuis sa sortie du domicile conjugal.

Garde des enfants. — Voilà donc la situation des époux réglée pendant cette période pénible de transition où les parties ne sont ni mariées ni séparées. Chacun va de son côté pour préparer tout à l'aise ses batteries et lancer force papier timbré à la tête de son adversaire, chacun dispose de ses ressources et s'arrange une nouvelle vie qui ne sera ni le célibat ni le veuvage. C'est fort bien ; mais les enfants, que deviennent-ils pendant la bataille ? Car, enfin, les mauvais ménages ne sont pas frappés de stérilité... au contraire, rien ne facilite la reproduction, on le sait, comme les querelles et les réconciliations.

Que va-t-on faire de la couvée, pendant que les parents sont en train de démolir le nid et d'en éparpiller les débris ? Il faut pourtant bien y songer.

On y songera, et d'autant plus volontiers que, dans les procès en séparation, mari et femme se font une arme de leurs enfants et tiennent à faire étalage de leurs sentiments envers eux.

Pendant le mariage ils les ont un peu oubliés : l'adultère de l'épouse ne se concilie point avec les devoirs de la mère, et le mari

qui ne respecte point sa femme marque par
là même son peu d'affection pour les enfants qu'il a eus d'elle ; mais une fois les
hostilités engagées, tous les bons sentiments
se réveillent. On s'imagine que la présence
de l'enfant dans son camp est une preuve
de son bon droit et le gage de la victoire.
Alors chacun redouble d'efforts pour attirer
à soi cet élément de succès. La lutte va s'engager sur ces petites têtes, et on voit souvent
la créature la plus éhontée s'enfuir avec son
amant en entraînant ses enfants.

En principe, les enfants doivent rester au
père de famille, qu'il soit demandeur ou dé
fendeur au procès, c'est une conséquence du
droit de puissance paternelle ; mais le tribunal peut en décider autrement, sur la demande de la mère, de la famille ou même du
ministère public. Si les torts du mari ne pa-
raissent pas tels qu'il soit indigne de diriger
leur éducation, le tribunal les lui laissera, et
si la mère s'est avisée de les prendre et de
les cacher, elle sera condamnée à les rendre,
sous peine de voir saisir ses revenus. Si le
mari a une conduite scandaleuse, les enfants

seront remis à la mère ou à une tierce personne qui consentira à les recevoir; le père
devra s'incliner devant cette décision et, s'il
s'obstine à garder ses enfants, un huissier
pourra se faire assister « manu militari »
pour l'obliger à les remettre à qui de droit.
Mesure inefficace malgré sa force apparente,
car s'il a eu le soin d'éloigner ses enfants, la
loi sera impuissante, et ses revenus ne sont
pas susceptibles d'être saisis.

Par ce qui précède on voit que c'est le tribunal qui doit être appelé à statuer sur la
garde des enfants, et, jusqu'au jugement qui
fixe leur sort, ils restent entre les mains de
leur père. Il est des cas néanmoins où une
nécessité impérieuse exige que, dès le début,
les enfants soient enlevés à l'autorité paternelle : la jurisprudence admet alors que
le président peut rendre, en même temps
que son ordonnance fixant la résidence provisoire de la femme, une autre ordonnance
où il statuera sur la garde des enfants. Il y a
donc là une question de fait et d'opportu-
nité que le président d'abord et la cour ensuite, si appel est interjeté, auront à exami-

ner : à savoir s'il y a véritablement urgence à ne pas laisser les enfants sous la direction du père.

Cette solution a été donnée par la Cour de cassation dans un procès de séparation de corps récent, intenté par Mme de M^{***} contre son mari. Des cinq filles issues de leur union, les trois aînées étaient entrées au couvent, sous l'impulsion de leur père, et celui-ci voulait achever son œuvre en y faisant entrer également les deux autres, âgées de treize et de quinze ans : la mère résista, et voyant dans le refus de son mari une injure grave, elle demanda sa séparation en la fondant sur ce grief et quelques autres encore. Dans l'espèce, il parut urgent d'arracher les deux jeunes filles aux influences envahissantes du couvent où M. de M^{***} les avait placées, aussi le président du tribunal civil de la Seine et après lui la cour de Paris décidèrent qu'il y avait lieu provisoirement de les mettre dans une maison d'éducation laïque, avant même que le tribunal ait été saisi de la question.

Tel est le premier résultat d'une demande

en séparation de corps. Des enfants restent sans famille, initiés malgré eux aux plus tristes misères de la vie, ne connaissant de leur mère que ce que le père raconte, obligés parfois de prendre parti pour celui-ci ou pour celle-là, de s'ériger en juges, de sonder la conduite de leurs parents, séquestrés par autorité de justice en attendant le jour ou ils n'appartiendront plus qu'à un seul et ne pourront plus prononcer le nom de l'autre, grandissant avec le souvenir des querelles domestiques, jusqu'au moment où, devenus des hommes, ils trouveront en feuilletant un journal égaré — si quelque ami n'a pas même pris soin de le mettre sous leurs yeux — le récit des scandales que leur père ou leur mère ont donnés et dont le public du temps a fait ses délices.

CHAPITRE III

———

Prescription. — Réconciliation. — Faits qui prouvent la réconciliation. — Nouveaux griefs. — Réciprocité des torts. — Demande reconventionnelle. — Provocation. — Abandon par la femme de la résidence qui lui a été désignée pendant l'instance.

Prescription. — Lorsqu'on intente un procès à quelqu'un, il ne suffit point d'avoir raison et d'apporter des preuves sérieuses à l'appui de ses prétentions, il faut de plus avoir le droit d'agir, sinon l'adversaire ne manque pas d'opposer, dès le début de l'instance, ce qu'on appelle une *fin de non-recevoir*. Il en existe de bien des sortes,

et même les gens habiles et retors en procédure savent parfois en inventer de nouvelles.

L'une des plus usitées est la *prescription*.
Elle s'emploie lorsque le demandeur a laissé
écouler le temps pendant lequel la loi lui re-
connaissait le droit d'exercer son action.
Dans cette hypothèse, le défendeur vient lui
dire : « Je ne soutiens point que vous ayez
tort et je n'avoue pas que vous avez raison,
mais, quoi qu'il en soit, vous vous y prenez
trop tard pour m'attaquer. » Le moyen n'est
pas toujours très honnête, mais il est légal,
et cela suffit. Du reste, la prescription a son
utilité en ce qu'elle empêche souvent des
contestations qui seraient oiseuses, et il est
nécessaire qu'un terme soit fixé après lequel
les plaideurs n'ont plus la faculté de faire
valoir des droits trop longtemps négligés.

Le code déclare que les actions tant réelles
que personnelles se prescrivent par trente
ans. Cette règle ne s'applique pas à la séparation de corps ni au divorce, et un époux
peut invoquer des faits qui remontent à
plus de trente ans pour obtenir gain de cause,

mais à la condition qu'il n'ait pas pardonné ou semblé pardonner ces faits, car alors il y aurait eu entre les plaideurs réconciliation, et cette réconciliation donnerait naissance, comme nous allons le voir, à une bonne et valable fin de non-recevoir ; il faut que par son attitude l'époux outragé ait montré qu'il n'avait point renoncé à son droit.

Prenons un exemple : voilà une femme qui acquiert la certitude que son mari entretient une concubine dans le domicile conjugal ; il y a là une cause certaine de séparation, mais si cette femme, pour des raisons supérieures, se refuse à intenter un procès à son mari, si elle est retenue par la peur du scandale et par la pensée de ses enfants et si elle préfère se retirer dans sa famille, elle n'en aura pas moins le droit, même après trente ans de silence, de former une demande en séparation de corps, car rien dans sa résolution n'indique le pardon, et ce sera pour elle un moyen d'éviter la vie commune, si le conjoint coupable a, après une longue séparation amiable la fantaisie de vouloir la reprendre.

Il en serait de même pour le mari qui aurait découvert l'adultère de sa femme. Cet adultère étant un délit ne peut être poursuivi en police correctionnelle que dans les trois ans à partir de la date où il a été commis, aussi l'inaction du mari pendant ce délai rendrait toute instance correctionnelle impossible ; mais son droit de demander la séparation de corps de ce chef n'en subsisterait pas moins, car autre chose est la poursuite correctionnelle, autre chose la demande en séparation de corps. Aucun texte de loi ne déclare le mari déchu de ce dernier droit au bout de trois ans, et il ne peut le perdre que par la réconciliation, or le silence gardé pendant plusieurs années ne suffit pas à lui seul pour indiquer le pardon.

Réconciliation. — La fin de non-recevoir la plus fréquemment invoquée est la *réconciliation,* par laquelle l'époux demandeur aurait marqué qu'il oubliait ou du moins qu'il pardonnait le fait dont il avait à se plaindre et qui est de nouveau mis en avant.

Hélas ! les réconciliations entre époux et les réconciliations entre amis ne font souvent que de la mauvaise besogne dont les effets sont rarement durables. Pardonner une injure est possible, l'oublier ne l'est point. Les souvenirs s'apaisent tant que rien ne vient les raviver, mais le cœur est devenu susceptible, et au moindre froissement la plaie se rouvre plus saignante que jamais. Le bonheur présent ne fait pas reverdir les bonheurs passés, tandis que le malheur s'accroit par la pensée de tous ceux qui l'ont précédé. Et puis, l'esprit est malgré lui toujours sur le qui-vive, car les mêmes causes ramènent généralement les mêmes effets.

La loi n'a pas défini le caractère des faits constitutifs de la réconciliation, et elle ne le pouvait guère, car le pardon peut affecter bien des formes. Les lumières du magistrat doivent suppléer au silence de la loi.

Il a été jugé que le renvoi par le mari de sa concubine, et que le défaut, pendant un certain temps, de toute plainte d'adultère de la part de la femme restant au domicile conjugal, indiquait qu'une réconciliation était intervenue : qu'il en est de même de la résolution prise par les époux de changer de résidence, afin de chercher ensemble ailleurs un repos que des circonstances extérieures les avaient empêchés de trouver — la présence de la belle-mère peut-être.

D'autres arrêts ont décidé que le maintien de la cohabitation après la découverte, par le conjoint lésé, des faits qu'il invoque, et même après l'introduction de la demande en séparation, ne permet pas toujours d'induire une réconciliation, et qu'il faut, pour l'établir, prouver que de bons rapports ont existé de nouveau entre les époux.

La naissance d'un enfant survenant pendant l'instance en séparation ne prouve point la réconciliation, à moins qu'on ne puisse faire remonter, d'après la durée ordinaire de la gestation, sa procréation postérieurement aux causes de la demande. Mais cette exception ne peut guère avoir de force réelle qu'autant qu'elle est invoquée par le mari, car une femme adultère pourrait facilement, sans que son mari y ait participé, se créer un gage apparent de réconciliation.

Néanmoins, si la cohabitation des époux a coïncidé avec la procréation de l'enfant, la femme bénéficie du mystère qui entoure la génération ; aussi en a-t-on vu qui, après avoir quitté le domicile conjugal, faisaient tous leurs efforts et dressaient des plans machiavéliques pour se rapprocher un instant de leur mari, et le repoussaient ensuite avec les armes mêmes qu'il avait eu la faiblesse de leur laisser prendre.

Que de ruses pour arriver à ce résultat, et combien l'arsenal de toutes les coquetteries féminines est fécond en ressources ! Il y a des maris qui, ce jour-là seulement, ont connu toute la passion dont leur femme était susceptible, car ce sont généralement les épouses d'humeur vagabonde qui ont recours à ces moyens, et elles dévoilent impudemment ce que leurs amants leur ont appris.

Mais la suprême habileté ne consiste pas seulement à forcer l'ennemi à mettre bas les armes et à se rendre à merci, il est de plus indispensable de se procurer un ou deux bons témoins qui, apparaissant subitement, comme le *deus ex machina*, au moment le plus pathétique, pourront attester que tel jour ou telle nuit, à telle heure, Monsieur *** ne semblait nullement disposé à se séparer de corps avec Madame *** son épouse... bien au contraire.

Les témoins, toujours des témoins! il vous en faut quand votre voisin vous insulte et que vous voulez lui faire un procès en diffamation, il en faut pour prouver que vous couchez avec votre femme, comme il en faut pour prouver que vous la battez ou que vous embrassez votre cuisinière.

Maris qui avez de graves motifs de vous séparer, prenez garde à vous : l'ennemi qui ne veut pas se laisser vaincre veille parfois autour de vos sens, la moindre faiblesse peut tout compromettre ; si vous voulez que la justice vous écoute et vous donne gain de cause, soyez chastes avec tout le monde et surtout avec votre femme ; n'oubliez pas que celle dont vous avez à vous plaindre et qui, un beau soir, cherche par ses agaceries à vous induire en amour, n'agit souvent que par ce principe du droit maritime « le pavillon couvre la marchandise ».

Le désistement d'une plainte en adultère formée au correctionnel n'implique en rien une idée de réconciliation, et ce même adultère peut être invoqué comme cause de sépation. Ajoutons enfin que la réconciliation ne peut pas être opposée, lorsque les faits allégués avaient été ignorés du demandeur, car il n'y a pas pu y avoir de pardon, puisque la victime ne savait pas qu'elle eût à pardonner.

La réconciliation peut s'induire encore de beaucoup de circonstances autres que celles que nous venons d'indiquer, par exemple de la correspondance entre les époux, des démarches qu'ils auraient faites, de la réintégration du domicile conjugal par la femme, lorsqu'elle a été autorisée à résider ailleurs et que sa présence ne peut s'expliquer que par l'oubli de ses griefs, etc... mais nous avons parlé des plus fréquentes et nous laissons à la perspicacité du lecteur le soin d'imaginer toutes les espèces possibles et impossibles.

Lorsque l'époux défendeur invoque la fin de non-recevoir tirée de la réconciliation, et qu'elle se trouve fondée, le demandeur, obligé de s'incliner, ne manque jamais de répliquer que, depuis cette réconciliation, des faits nouveaux sont venus augmenter ses sujets de plainte et que le pardon doit. être considéré comme non avenu.

Si, humainement parlant, on comprend que la moindre faute fasse rouvrir dans le cœur blessé les anciennes plaies, aux yeux de la loi, dont le but est de prononcer le moins de séparations possibles, il faut que les nouvelles fautes aient une certaine gravité pour permettre au demandeur d'invoquer les anciennes, sinon la fin de non-recevoir tirée de la reconciliation serait le plus souvent illusoire et il suffirait d'un caprice du plaignant pour la faire tomber.

Mais s'il est nécessaire que les griefs nouveaux soient graves, il n'est pas indispensable qu'ils aient une importance aussi grande que les anciens et qu'à eux seuls ils suffisent à justifier une séparation. S'il en était ainsi, il serait bien inutile de remonter dans le passé, puisque le présent fournirait des armes assez puissantes.

Malgré l'évidence de cette vérité, des auteurs ont cependant soutenu le contraire; en matière juridique, il faut s'attendre à trouver des défenseurs pour tous les systèmes, même les plus étranges; aussi est-ce l'opinion de la jurisprudence qu'il importe principalement de connaître. Or, elle est unanime pour décider que des faits nouveaux graves, mais cependant impropres à faire prononcer la séparation, ont le don de faire revivre les faits anciens; la connaissance de ces derniers est même indispensable, on le comprend, pour permettre d'apprécier le caractère des époux, leurs habitudes, la fréquence de leurs querelles, et pour montrer si le ménage est encore viable ou non. Ce droit était du reste formellement reconnu à l'époux demandeur, sous la législation du divorce.

Les nouvelles causes s'appuieront donc sur les anciennes, même si celles-ci ne sont pas de même nature; ainsi, une femme qui aura pardonné à son mari l'entretien d'une concubine dans le domicile conjugal sera autorisée à invoquer cet adultère pour appuyer une demande basée sur des injures et sévices.

Réciprocité des torts. — Passons maintenant à une autre fin de non-recevoir, tirée de ce que l'époux demandeur serait lui-même coupable de faits pareils à ceux qu'il reproche à son conjoint, ou même de faits d'une nature différente, mais qui formeraient également contre lui une cause de séparation. De très bons esprits soutiennent que, dans un ménage, les maris sont toujours les auteurs des fautes de leurs femmes. Des esprits non moins bons prétendent, de leur côté, que les femmes doivent s'en prendre à elles-mêmes des fautes de leur mari. Le fait est que, si l'on veut y regarder de près, on trouvera souvent que la victime a mis inconsciemment tout en œuvre pour préparer et accélérer sa ruine : il arrive aussi que dans les discordes conjugales, comme dans les discordes politiques, les deux parties n'ont jamais parfaitement raison, et que chacune peut s'attribuer sa grosse ou sa petite part de torts.

Il y a incontestablement bon nombre de femmes qui, par leur maladresse, leur insouciance, leur humeur, font tout ce qu'il faut pour éloigner d'elles leur mari et lui rendre son intérieur insupportable ; en revanche, combien y a-t-il de maris qui ne doivent qu'à leur imprudence, à leur légèreté ou à leur indifférence le sort qui leur arrive !

La recherche des causes et des origines en pareille matière serait une étude de sentiments intéressante à faire, mais cette étude ressort beaucoup plus de la compétence du philosophe que de celle du magistrat, et, si jamais une jeune femme accusée d'adultère venait dire pour s'excuser que son mari est un être froid ou grossier qui ne l'a pas comprise, elle serait éconduite sans hésitation.

Le législateur n'a pas pu se lancer dans une analyse aussi délicate, et il ne reconnaît qu'un cas — assez rare dans la pratique—où la situation du demandeur pourra être invoquée par le défenseur comme fin de non-recevoir, c'est celui où la demande est basée sur la condamnation du conjoint à une peine infamante, alors que le demandeur a lui-même été frappé d'une peine semblable. Il est bien mal venu, en effet, à invoquer une situation qui est la sienne, et la loi suppose avec raison que deux époux doués d'un casier judiciaire doivent trop bien s'entendre pour qu'il soit nécessaire de les désunir.

Donc, en principe, les fautes du demandeur ne sont pas un obstacle à sa demande en séparation, mais elles ont évidemment pour résultat d'atténuer celles qui sont reprochées au défendeur, lorsqu'il est établi qu'une corrélation intime existe entre les unes et les autres.

Le devoir du juge est alors de peser les reproches respectifs que se font les époux, et de prononcer, sans s'arrêter à aucune fin de non-recevoir, la séparation, lorsque les faits articulés par le demandeur conservent, malgré les écarts de son conjoint, une gravité suffisante pour la rendre indispensable.

Les griefs relevés contre le demandeur permettent, en outre, au défendeur de former à son tour une demande en séparation, dite *reconventionnelle,* demande qui peut être introduite par un simple acte d'avoué à avoué et qui n'est pas soumise à l'essai préalable de conciliation devant le président. Si ses allégations sont justifiées et ont un caractère de gravité suffisante, le tribunal prononcera la séparation contre les deux plaideurs, ce qui fera supporter à chacun les déchéances qui en sont la suite : mari et femme payeront les frais de moitié et seront renvoyés dos à dos, seule situation qui puisse leur convenir.

Les torts réciproques des époux, en effet, prouvent l'impossibilité de la vie commune : tous les deux sont dévoyés, tous les deux ont marqué qu'ils n'éprouvaient plus ni amour ni estime, ils ont brisé en fait la chaîne qui les rivait l'un à l'autre, c'est le cas ou jamais de rompre une union aussi mal assortie.

Tous les auteurs ne partagent pas cet avis, et on en rencontre qui soutiennent que la réciprocité des torts entre les époux rend non recevable leur demande en séparation. Selon eux, au mari qui demande la séparation de corps contre sa femme pour cause d'adultère, celle-ci peut opposer une fin de non-recevoir résultant de ce qu'il a tenu lui-même une concubine dans la maison commune; à la femme qui demande la séparation contre son mari, soit pour cause d'adultère commis avec une concubine dans la maison commune, soit pour cause d'excès, de sévices ou d'injures graves, le mari peut opposer la fin de non-recevoir tirée de ce qu'elle-même est adultère.

Les partisans de ce système se basent dans leur argumentation sur un article du Code pénal qui semble, tout d'abord, leur donner raison. Aux termes de cet article, le mari, convaincu d'avoir entretenu une concubine dans le domicile conjugal, ne peut plus dénoncer l'adultère de sa femme ni la faire condamner par le tribunal correctionnel : ils en concluent que le mari infidèle perd le droit d'obtenir la séparation de corps, parce que en demandant cette séparation il dénoncerait forcément l'adultère de sa femme et arriverait indirectement à la faire condamner par le tribunal civil saisi de l'affaire.

Ce raisonnement révèle évidemment une

confusion des droits du mari ; ceux-ci sont distincts et indépendants : en thèse ordinaire, le mari peut exercer l'un et l'autre, et même si le tribunal correctionnel ne juge pas les faits assez bien établis pour prononcer une condamnation, cela ne l'empêchera pas de baser sa demande en séparation devant le tribunal civil sur les mêmes faits, qui seront alors considérés, sinon comme constitutifs d'un adultère, du moins comme injures graves. Or, dans l'espèce, si le droit de poursuivre l'emprisonnement lui est enlevé, l'autre ne lui est enlevé par aucun texte.

Ce même raisonnement contient de plus une erreur en soutenant que, par la demande en séparation, le mari amènera indirectement l'emprisonnement de sa femme, car il est logique de conclure que la loi interdisant aux juges de prononcer une peine lorsque le mari s'y oppose, elle le leur interdit aussi lorsque le mari a perdu le droit de la demander, et la femme peut invoquer devant la juridiction civile, pour repousser la répression pénale, tous les moyens qu'elle aurait devant la juridiction correctionnelle.

Des arrêts fortement motivés ont, du reste, été rendus dans ce sens.

Le seul droit, nous le répétons, pour l'époux coupable attaqué par son conjoint, coupable également, est de former une demande reconventionnelle qui entraînera la séparation contre et en faveur de chacun.

L'adultère du plaignant n'est donc pas un obstacle à ce qu'il invoque l'adultère de son conjoint, et il en sera de même, à plus forte raison, alors que les fautes n'auront pas la même nature; c'est ainsi qu'un mari accusé d'injures, d'excès ou de sévices, ne pourra opposer comme fin de non-recevoir l'adultère de sa femme, il ne pourra l'invoquer que comme excuse, nous l'avons déjà dit, si toutefois sa connaissance a été la cause directe des excès.

Provocation. — Ceci nous conduit à parler de la provocation qui permettra aux magistrats de repousser les faits allégués, s'il est établi que ces faits ont été amenés soit par la mauvaise conduite, soit par les emportements du demandeur lui-même.

Mais, afin de ne pas en arriver à obtenir sous le nom de provocation des effets qui doivent être refusés à la compensation, il importe de bien établir la corrélation immédiate existant entre la faute de l'un et la faute de l'autre.

Nous supposons un mari qui, blessé par la conduite de sa femme, lui adresse des reproches violents et va même jusqu'à l'injurier ; dans ce cas la femme ne pourra pas demander sa séparation pour injures et sévices, car elle a été elle-même la cause évidente des violences de son mari, et, si celui-ci ne veut pas la séparation, il serait difficile de la lui imposer. Mais si, au contraire, les injures et les excès ont été manifestement produits par d'autres causes que l'inconduite de la femme, si elles sont le résultat d'un caractère emporté ; on ne peut voir dans la faute de la femme une provocation, et la séparation devra être prononcée contre les deux époux, puisque les torts respectifs ont élevé entre eux une double barrière, et qu'il y a plusieurs causes au lieu d'une.

Ce sont là des nuances capitales que l'examen de la procédure fait ressortir, et qui doivent nécessairement être étudiées dans une instance en séparation de corps.

Il existe encore une fin de non-recevoir, particulière à la femme, et que le mari qui repousse sa demande peut lui opposer, c'est l'abandon par elle de la résidence assignée par le président pendant l'instance.

Cette fin de non-recevoir n'a rien d'absolu, et les tribunaux peuvent la repousser, si les causes de l'abandon sont reconnues sérieuses et légitimes; si, au contraire, le but de la femme paraît avoir été seulement de s'affranchir, en demandant sa séparation, du devoir de la cohabitation et d'arriver par ce moyen à une émancipation complète, elle sera déclarée non recevable à suivre sur sa demande.

Il y a là, on le comprend, une question de fait à examiner. Voici, par exemple, une femme commerçante qui a quitté provisoirement la résidence assignée, à cause des nécessités de son commerce, rien dans sa démarche n'est susceptible de porter atteinte à l'honneur de son mari : il serait injuste de suivre la loi à la lettre et de faire naître la déchéance d'une action aussi naturelle; en voici une autre, au contraire, qui a abandonné une maison où sa conduite pouvait être surveillée, pour aller dans un lieu où elle doit jouir d'une grande liberté et se rencontrer avec des personnes que son mari suspecte à bon droit : elle est déchue à juste titre et supporte la sanction édictée par la loi pour un manquement grave à ses devoirs. En réalité, la question de résidence n'aura donc d'importance qu'autant que la moralité de la demanderesse pourra légitimement être attaquée.

CHAPITRE IV

CONTINUATION DE LA PROCÉDURE. — ENQUÊTES.

Cas où l'enquête n'est pas nécessaire. — Faits pertinents et admissibles en preuve. — Impuissance du mari. — Abus du droit marital. — Ce qu'un mari veut prouver. — Interrogatoire des témoins. — Contre-enquête. — Plaidoiries. — Faits constitutifs de l'adultère. — Condamnation de la femme par le tribunal civil. — La nécessité des huis clos. — Le tribunal domestique. — Appel. — Pourvoi. — Nouvelle instance. — Les procès de Beauffremont.

La cause sera instruite dans les formes établies pour les autres demandes, dit le code de procédure, au chapitre de la séparation de corps.

Deux choses pourront donc se produire :

ou bien les faits invoqués par la partie demanderesse auront une nature telle que la
preuve en sera apportée séance tenante, et
alors un seul jugement sera nécessaire, ou
bien les faits auront besoin d'être contrôlés,
parce que les articulations contenues dans
les conclusions ne suffiront pas à leur donner leur véritable caractère ou parce que
l'autre partie les déclarera faux; et alors le
tribunal, s'il pense, bien entendu, que ces
faits puissent être prouvés d'une manière
quelconque et aussi que leur existence est
susceptible de motiver une séparation, or-
donnera une enquête qui ne saurait être
faite sommairement à l'audience.

Il existe donc des cas où la séparation de
corps peut être prononcée sans enquête; ces
cas sont généralement les plus rares : ce sont
ceux, par exemple, où une condamnation
infamante a atteint l'époux défendeur; il
suffit alors de présenter au tribunal une expédition de l'arrêt établissant que la condamnation est définitive; ceux où l'époux
défendeur a été condamné en police correctionnelle pour adultère ou pour violences

graves à l'égard de son conjoint. A quoi bon, en effet, exiger de nouveau la preuve d'actes qui ont déjà été établis? Là encore il suffit de produire le jugement ou l'arrêt de condamnation.

Il peut aussi arriver que les juges trouvent dans les documents du procès des éléments de preuve suffisants pour justifier les griefs articulés à l'appui de la demande et en rendre la preuve orale surabondante. Si l'époux défendeur avoue les faits qui lui sont reprochés et que tout dans la cause démontre qu'il n'y a pas, de la part des plaideurs, collusion pour arriver à une séparation volontaire, une enquête sera inutile. Si, encore, la demande est basée sur l'absence de l'un des époux, absence ayant, par les circonstances où elle se produit, un caractère injurieux; si, enfin, le demandeur produit une correspondance qui établit le bien fondé de ses plaintes, lettres dans lesquelles le défendeur l'injurie ou lettres révélant jusqu'à l'évidence l'existence de relations adultères, à quoi bon les dispendieuses lenteurs d'une enquête souvent scandaleuse?

Certes, dans cette dernière hypothèse, s'il était allégué que la partie, qui invoque une correspondance de ce genre, avait été mise en sa possession par fraude ou par violence, le tribunal pourrait en repousser la production et faire respecter avant tout le principe de l'inviolabilité des lettres; mais si celles-ci ne sont tombées entre les mains du plaideur que parce qu'elles lui étaient adressées ou parce que le coupable n'a pas eu le soin de les soustraire aux regards intéressés, leur production n'a rien que de très légitime. Trouver dans le panier à ouvrage de sa femme une lettre d'amant ou sur le bureau de son mari un billet compromettant et s'en faire une arme, c'est de bonne guerre, et la correspondance cesse d'être confidentielle, lorsqu'elle est si mal gardée qu'elle confie ses secrets au premier venu.

Nous venons de dire, au sujet des faits qui exigent une enquête, que le tribunal ne l'ordonnait qu'autant que l'existence de ces faits était susceptible d'être établie et de motiver une séparation.

Ces deux conditions indispensables se

désignent par les épithètes *admissibles en preuve et pertinents*.

Il y a, en effet, des articulations qui ne se peuvent prouver ou dont la preuve donnerait lieu à des débats trop scandaleux. Une femme accuse son mari d'impuissance : autrefois, cela entraînait la nullité du mariage ; de graves docteurs s'assemblaient, examinaient le sujet avec soin et déclaraient si oui ou non il était apte à donner à son épouse les satisfactions que celle-ci réclamait. On a reconnu qu'il était scabreux de se lancer dans de pareilles investigations et d'ouvrir la porte à des plaintes d'une nature aussi délicate, d'autant plus qu'il est assez difficile de donner des conclusions concluantes en cette matière. Donc, quoique ce soit là un grief pour bien des dames, la justice n'en a cure.

Il en serait autrement si le mari s'abstenait, uniquement par mauvais vouloir, de rendre, après le mariage, le devoir conjugal à sa femme ; on verrait avec raison, dans ce manque d'égards, une injure grave suffisante pour faire prononcer la séparation de corps, et certes c'est bien ici que le divorce aura sa raison d'être.

L'espèce, quelque étrange qu'elle puisse paraître, s'est présentée, et un arrêt a été rendu dans le sens que nous indiquons. Il s'agissait d'un mari de trente-deux ans : le jour du mariage et le lendemain, il laissa sa femme au domicile de son père et alla passer la nuit chez ses parents; des amis intervinrent et il consentit à faire ménage commun, mais il s'abstint de toute relation intime et négligea de cueillir une fleur que vingt-sept printemps avaient suffisamment épanouie. La dame attendit d'abord patiemment, espérant toujours une manifestation qui ne se produisait pas ; puis après être restée quatre mois dans cette situation qu'elle qualifiait d'intolérable, elle se retira au sein de sa famille, sur le conseil même de son mari, qui ne voulait pas quitter la sienne, et elle intenta un procès en séparation.

La cour pensa qu'il n'était pas nécessaire de rechercher la cause d'une abstention d'autant plus extraordinaire qu'elle s'était manifestée au début d'une union que l'âge des époux, leur position sociale, l'éducation qu'ils avaient reçue, permettaient de faire considérer comme bien assortie. Pour lui reconnaître les caractères d'un sanglant outrage, disait l'arrêt, en termes élégants, il suffisait de retenir qu'elle avait été subie par une femme intelligente, d'une pureté de mœurs parfaite, et qui avait dû se sentir profondément blessée du mépris persistant que son mari avait montré pour ses charmes et pour ses légitimes aspirations à la maternité.

Dans le même ordre d'idées, il y a encore un grief d'un genre tout opposé à celui que nous venons d'indiquer et dont la jurisprudence n'admet pas non plus la preuve, c'est celui qui résulterait de l'abus marital.

Il faut vraiment avoir bien mauvais caractère pour alléguer ce grief-là, et on comprend que la preuve serait encore plus difficile à fournir dans ce second cas que dans le premier, car on ne pourrait guère s'en rapporter qu'au témoignage de la victime.

Il en serait autrement si le mari s'était rendu coupable de violence ou d'actes contre nature ayant laissé des traces appréciables; l'enquête serait alors possible et concluante.

La seconde condition est que les faits dont on offre de fournir la preuve soient pertinents, c'est-à-dire de nature à établir que la séparation est devenue nécessaire pour l'époux qui les souffre.

On est tenté, en effet, de s'exagérer souvent la portée de certains actes et de les grossir outre mesure; il appartient aux magistrats de ramener les choses à leurs justes proportions et de ne pas autoriser des enquêtes sur des faits qui ne seraient point susceptibles de servir de base à une séparation. C'est ainsi qu'il a été jugé que les infirmités ou la perte de raison de l'un des époux ne pouvaient déterminer la rupture de la vie commune, puisque l'essence même du mariage est le partage de la bonne comme de la mauvaise fortune et des événements heureux ou malheureux de l'existence.

Enquêtes et contre-enquêtes. — Si les faits

sur lesquels s'appuie la demande ne s'établissent pas de plano, et s'ils sont pertinents et admissibles en preuve, le demandeur devra les prouver, même dans le cas où le conjoint défendeur ferait défaut et semblerait par son silence acquiescer à la séparation de corps, car les séparations volontaires, auxquelles on pourrait arriver par ce procédé, sont interdites.

Voilà donc la procédure qui se complique. Nous sommes, par exemple, en présence d'un mari qui tient à prouver clairement qu'il est... ce que vous savez, que tel jour, à telle heure, sa femme est sortie dans sa voiture, sous prétexte d'aller voir une tante malade, qu'elle s'est fait arrêter devant une église, — les églises et les passages étant très appréciés des femmes adultères et des filous qui ne veulent pas payer leur cocher, — qu'après avoir prié un instant et demandé au ciel, on ne sait bien au juste quoi, elle s'est glissée par une petite porte latérale, qu'elle a hélé un fiacre portant le n° 2633, lequel fiacre l'a conduite dans une maison meublée de la rue de Surène dont elle a monté rapidement l'escalier, après avoir demandé au concierge si M. Paul était arrivé, que parvenue au troisième étage elle a ouvert la quatrième chambre à gauche, dans le couloir à droite, et que là... Nous en savons assez, n'est-ce pas?

Eh bien! le mari en question tient à démontrer tout cela, point par point, et il faut qu'il le démontre; et comme une promenade du genre de la susdite ne va jamais seule, que souvent M. Paul a des collaborateurs, vous comprenez que les articulations doivent être nombreuses et que la liste des témoins à faire entendre est longue.

S'il s'agit, au contraire, d'une jeune femme victime des injures et des mauvais traitements d'un mari grossier et brutal, il faudra prouver que tel et tel jour monsieur s'est servi devant la femme de chambre ou devant le cocher d'expressions blessantes, qu'il a traité son épouse « comme la dernière des créatures dont il fait sa société habituelle », que « ne respectant pas même la famille à laquelle il est allié, et insultant aux sentiments les plus délicats de la nature,

il a osé traiter sa belle-mère de vieille sorcière », etc., etc.

Que de gens il va falloir faire venir ! les
domestiques, les amis, les voisins, les parents.

Les enquêtes ne se font pas en un jour.

Et s'il n'y avait encore que les enquêtes !
mais, règle générale, la coupable prétendra
qu'on la calomnie outrageusement, et elle
voudra faire citer à son tour des témoins
pour établir la pureté de sa vie et l'innocence
de ses démarches ; elle appellera des gens
soudoyés et qui trouvaient leur profit dans
ses incartades, elle appellerait au besoin
pour déposer M. Paul lui-même.

Le mari, accusé d'injures, soutiendra de
son côté qu'il a toujours entouré sa femme
du plus profond respect, que si quelques
paroles un peu sèches lui ont échappé il ne
faut les attribuer qu'à la vivacité naturelle
de son esprit. Il couvrira sa belle-mère de
fleurs, affirmera qu'il la vénère et que
l'épithète de « vieille sorcière » n'a été
qu'une innocente plaisanterie due à un
moment d'expansion. Bref, lui aussi aura

des témoins à faire entendre, et tout cela nécessitera force contre-enquêtes, pour la plus grande joie des hommes d'affaires, des domestiques appelés à dire tout haut ce qu'ils ont dit tout bas et du public, ravi de voir ainsi se lessiver devant lui le linge sale de toute une famille.

Une enquête et une contre-enquête sont donc indispensables. On les demandera au tribunal, et celui-ci, par un jugement d'avant faire-droit, désignera « tel de Messieurs » pour entendre en son cabinet les témoignages indiqués, après avoir fait préciser les points sur lesquels porteront les interrogatoires des deux parties et les investigations de la justice.

Les témoins seuls dont les noms auront été indiqués dans le jugement pourront être entendus.

Les plaideurs et leurs avoués assisteront à l'enquête pour présenter les moyens de suspicion et de récusation qu'ils auront contre les témoins et leur poser les questions nécessaires à la découverte de la vérité.

Contrairement aux règles ordinaires en

matière d'enquêtes, d'après lesquelles les domestiques, les parents collatéraux au degré de frère et de cousin issu de germain peuvent être repoussés par la partie contre qui on invoque leur témoignage, ils sont admis lorsqu'il s'agit de séparation de corps. Il est facile de comprendre qu'écarter ceux qui, par leur position, sont souvent les seuls témoins des faits allégués serait rendre impossible la preuve exigée par la loi. Les héritiers présomptifs de l'un des époux, et les témoins qui auraient bu ou mangé avec l'un des plaideurs et à ses frais depuis le jugement ordonnant l'enquête, ne sont pas davantage reprochables.

. La loi n'excepte que les ascendants et les descendants, et parmi ceux-ci la jurisprudence range même les descendants nés d'un précédent mariage. Un sentiment de haute convenance exige, en effet, que des enfants ne soient pas appelés à se prononcer sur les torts de leurs parents.

Il est admis également que le président du tribunal civil ne peut être entendu sur les incidents qui se sont produits dans son cabinet, au moment de la comparution des époux ; la loi n'a pas voulu qu'un procès-verbal relatât les raisons alléguées par l'un ou par l'autre, et qu'il fût même fait mention des injures échappées pendant la discussion : ce serait donc aller contrairement à son but que d'obliger le magistrat conciliateur à remplir un rôle qui serait forcément parfois celui d'un accusateur.

Les témoins entendus dans l'enquête peuvent l'être également dans la contre-enquête. En principe, ils ne doivent être interrogés que sur les griefs précis désignés dans le jugement et dont les parties ont demandé à faire la preuve. Aussi le juge-commissaire se refuserait à poser des questions ayant trait à des faits récriminatoires que le défendeur n'aurait pas articulés devant le tribunal ; mais il a nécessairement une grande latitude, et si les questions qu'on le prie de poser dans la contre-enquête ont une corrélation directe avec celles qu'il a posées dans l'enquête, son refus n'aurait plus de raison d'être.

C'est ainsi qu'il a été jugé qu'un époux accusé d'excès envers son conjoint peut, pour les expliquer, interpeller les témoins sur l'inconduite de celui-ci, alors même qu'il n'en aurait pas parlé devant le tribanul ; si, au contraire, ses questions n'ont pas pour but d'atténuer ses fautes, mais uniquement de faire suspecter la moralité de son adversaire, elles ne sont pas admissibles.

Débats devant le tribunal. — Lorsque les enquêtes et contre-enquêtes seront terminées, l'affaire viendra de nouveau devant le tribunal et les avocats discuteront alors la valeur des témoignages, grossissant ceux qui seront bons pour leur cause et atténuant ceux qui seront mauvais ; cela s'appelle éclairer la religion des magistrats.

Généralement, dans les débats brillants auxquels donne lieu l'examen des dépositions reçues par le juge-commissaire, les témoins reçoivent quelque coup de langue, de part ou d'autre et voient qu'il n'est pas toujours agréable de se trouver mêlé à un procès ; mais ils doivent se consoler en pensant que c'est le sort commun de tous ceux qui disent la vérité que de se voir attaqués par ceux à qui elle déplaît.

Les juges écouteront et décideront.

Il n'est pas indispensable que les faits leur soient prouvés d'une manière mathématique : cette preuve, qui est possible lorsqu'il s'agit d'injures ou d'excès commis en public, est beaucoup plus difficile en matière d'adultère ; aussi les présomptions graves, précises et concordantes suffiront pour former leur conviction.

On ne puisera jamais, par exemple, une preuve sérieuse d'adultère dans les racontages vagues, exagérés et souvent incohérents d'un public toujours, malveillant ; mais il ne sera pas non plus nécessaire de s'appuyer sur des témoins ayant vu de leurs propres yeux les coupables commettant le délit ; on n'exige pas, comme le voulait le pape Alexandre, que le coupable ait été trouvé *solus cum solâ, nudus cum nudá, in eodem lecto jacens :* s'il en était ainsi, les plus élémentaires précautions de la prudence empêcheraient presque toujours une pareille constatation.

Il suffit qu'il y ait entre les faits établis et la consommation de l'adultère une relation exacte et suffisamment caractérisée : un homme et une femme mariée sont surpris dans une chambre d'hôtel, même dans l'attitude la plus décente; si leur présence en un tel lieu ne se justifie pas, il est bien évident que la présomption d'adultère sera des plus légitimes, et la femme n'aura même pas besoin, pour accentuer le délit, d'ouvrir son corsage comme la princesse de Bagdad.

Lorsque, dans un procès civil en séparation de corps, la femme est convaincue d'adultère, la loi reconnaît au ministère public le droit de requérir et au tribunal celui de prononcer une peine variant entre trois mois et deux ans de prison, peine plus forte qu'en police correctionnelle, où les juges peuvent descendre au-dessous de trois mois, grâce aux circonstances atténuantes. Cette mesure rigoureuse semble être en contradiction avec un principe d'ordre public, car elle intervient sans que le mari la demande, alors qu'en thèse générale les poursuites correctionnelles intentées dans ce but ne peuvent naître et se continuer qu'avec sa participation constante.

Pareille disposition devrait disparaître, d'abord pour les motifs que nous avons fait valoir au chapitre de l'adultère contre toute pénalité en cette matière, et, en second lieu, parce qu'elle peut amener cette conséquence étrange, qu'un mari, après s'être désisté de son instance correctionnelle, voie sa femme condamnée, à la suite de son instance en séparation de corps, malgré sa volonté précise; et il n'aura la faculté d'empêcher l'exécution de la peine qu'en reprenant la coupable au domicile conjugal et en renonçant ainsi à la séparation obtenue.

Ajoutons que la loi, fidèle cette fois à son autre principe de partialité, n'admet pas de condamnation au civil pour le mari adultère contre qui la séparation est prononcée.

Les plaidoiries dans un procès de séparation de corps sont publiques, à moins que le tribunal n'ordonne le huis clos; mais, même dans ce cas, les considérants du jugement viennent souvent donner un aliment trop complet aux affamés de scandale qui

rôdent toujours autour de ces sortes d'affaires, et on voit des journaux répéter à l'envi
les détails croustillants de l'enquête et porter
à la connaissance de tous des faits qui ne
devraient être connus que des juges, uniquement dans le but de réjouir les amateurs
de naturalisme pris sur le vif.

Là encore il y aurait une double réforme
importante à faire : réforme au point de vue
de la publicité et réforme au point de vue
de la composition du tribunal.

Tous les procès qui intéressent l'honneur
des familles et touchent au plus profond de
la vie privée devraient être jugés sans bruit
et sans éclat; jamais le compte rendu des
débats, ni même les motifs pour lesquels la
séparation est prononcée, ne devraient être
portés à la connaissance du public que cela
intéresse peut-être, mais ne regarde en
rien.

N'y a-t-il pas quelque chose de scandaleux
et d'obscène dans ces révélations d'alcôve qui
s'étalent impudemment dans les journaux,
lorsqu'une affaire d'adultère un peu corsée
est soumise à la justice ? Les détails abon-

dent, surtout quand les acteurs sont par leur situation sociale, par leur nom ou par leur fortune, plus particulièrement l'objet des regards de la foule.

On va jusqu'à donner leur portrait et raconter les secrets de leur vie passée : les lettres mêmes où, dans un moment d'abandon, se sont épanchées des confidences d'amour ou des plaintes de cœur blessé, sont livrées à la curiosité des lecteurs, qui trouvent là un roman plus mouvementé et plus vécu que celui de leur feuilleton; et chacun se penche pour voir de près l'abîme de vices raffinés et de tortures morales que cache souvent l'étalage du luxe.

Les envieux se réjouissent, les femmes qui trompent leur mari, en lisant leur propre histoire, s'instruisent des imprudences d'autrui pour les éviter, comme ces criminels qui suivent attentivement les débats de cours d'assises pour savoir par quel moyen on arrive à dépister la justice et quel est — quand on est pris — le système de défense le plus recommandable; les naïves, enfin, y rencontrent pour l'avenir des tentations dangereuses et se font une expérience avec celle des autres.

Voilà le principal résultat des compte rendus judiciaires, voilà comment la société aime à se moraliser, et voilà comment la honte d'une famille sert de document humain aux naturalistes et se perpétue pour porter aux enfants le souvenir des tristesses qui ont environné leur berceau.

Donc, suppression complète' des débats publics et du compte rendu en pareille matière. Le huis clos est ordonné par la cour d'assises lorsqu'on juge un accusé qui a souillé des petites filles; les détails de l'affaire sont cependant moins dangereux pour les mœurs que le récit des aventures d'une grande dame qui honore son cocher de ses faveurs ou de celles d'un mari qui a des vices contre nature.

Laissons le silence et l'oubli se faire sur toutes ces infirmités morales, fermons l'amphithéâtre où se dissèque le vice; c'est l'œuvre des carabins que de fouiller dans les plaies, manches retroussées : le public n'entre pas ici.

Ce n'est pas tout: la mission d'apprécier des griefs d'un ordre aussi intime devrait être confiée à une sorte de conseil de famille, dont feraient partie les parents des deux plaideurs et au besoin quelques rares amis, à l'imitation du tribunal domestique des Romains, conseil présidé par un magistrat qui maintiendrait le débat dans les limites que la loi lui assigne. Les parents formeraient le jury chargé d'apprécier les faits et le juge trancherait les questions de droit. Chacun exposerait ses griefs et des paroles de paix se feraient entendre, car tous auraient intérêt à calmer au lieu d'aigrir; les traits d'esprit et les morsures d'avocats brillants ne trouveraient pas place dans ce débat secret et ils n'auraient pas raison d'être, puisque la presse ne serait pas derrière eux pour les répandre et y applaudir.

Bien des séparations seraient évitées par ce moyen, l'avenir des enfants y gagnerait, et les haines ne s'accroîtraient pas par suite de ces coups portés en public et qu'on oublie d'autant moins que l'amour-propre froissé sert à entretenir les blessures du cœur.

Appel. — La partie qui n'a pas obtenu gain de cause a le pouvoir de former appel dans les délais fixés par la loi ; la cour juge alors, sur de nouvelles plaidoiries, les faits dont le tribunal de première instance a connu.

En principe, aucun des plaideurs n'a le droit d'introduire une nouvelle demande ni de prouver des faits qu'il avait tus devant les juges ; cette règle souffre cependant quelques tempéraments, et il appartient aux magistrats d'apprécier si la gravité des griefs nouvellement produits et les motifs qui ont pu empêcher la partie de les articuler plus tôt ne justifient pas ses prétentions ; mais cette faculté n'est accordée que dans des cas très rares, afin de ne pas permettre aux plaideurs d'arriver par un moyen détourné à franchir le premier degré de juridiction. La preuve, au contraire, sera toujours admise pour les faits postérieurs à l'enquête primitive ou même au jugement.

Pourvoi. — Enfin, les conjoints à qui leur fortune permet ce luxe, et qui trouvent que les débats n'ont pas assez duré, peuvent se pourvoir en cassation contre l'arrêt qui leur donne tort, et si la cour suprême découvre que quelque article de loi n'a pas été bien interprété, elle annule la procédure et tout est à recommencer.

Nouvelle instance. — Il s'est rencontré des époux tellement acharnés dans leur désir de se voir séparés, qu'après avoir vu leurs prétentions rejetées par un tribunal et par une cour, ils sont repartis sur nouveaux faits.

Le procès typique en ce genre et qui dévoile le plus complètement toutes les secrètes beautés de la procédure et toutes les ressources qu'on peut trouver en icelle, est celui de la princesse Bibesco contre son premier mari, le prince de Beauffremont. Depuis douze ans, il n'y a pas une collection de journal où ne soient relatées en maints endroits les diverses phases de cette lutte homérique qui peut être donnée en exemple aux plaideurs à venir. Il suffirait presque de rappeler tous les points délicats qui ont été soulevés, pour avoir un memento complet résumant toutes les faces que peut présenter une instance en séparation de corps.

En 1870, la princesse introduisit une demande contre son mari pour excès, sévices et injures graves; le tribunal de la Seine autorisa l'enquête, mais celle-ci n'ayant pas paru concluante, un jugement repoussa la demande. Appel fut interjeté et un arrêt de la cour confirma la décision des premiers juges. Jusqu'ici la procédure suivait un cours des plus naturels, à la portée des plaideurs ordinaires.

La princesse forma aussitôt une nouvelle demande, basée sur des griefs anciens qu'elle n'avait pas fait connaître et sur des griefs postérieurs au précédent arrêt. Le tribunal de la Seine l'autorisa à apporter la preuve de ces griefs, mais le prince ayant appelé de ce jugement, la cour l'infirma.

La Cour de cassation fut saisie de la question par la demanderesse et rejeta son pourvoi. Et de deux !

La princesse de Beauffremont ne se découragea pas de ces échecs et elle intenta, sans plus tarder, une troisième instance, basant encore sa demande sur de nouveaux faits antérieurs et postérieurs aux décisions précédentes. Elle avait, on le voit, beaucoup de reproches à adresser à son mari, et prenait pour devise : *uno avulso non deficit alter*.

Parmi les articulations qui lui étaient soumises, le tribunal de la Seine en retint seulement deux, postérieures aux arrêts, et autorisa l'enquête. Aussi infatigable que son épouse, le prince de Beauffremont interjeta de nouveau appel de ce jugement, mais, cette fois, la cour de Paris lui donna tort. Il alla jusqu'en cassation et subit encore un échec. Les enquêtes eurent donc lieu et les faits ne parurent pas établis.

La princesse retourna alors ses batteries et démontra qu'elle avait le droit d'invoquer les faits antérieurs dont on n'avait pas voulu admettre la preuve, parce que ces faits n'avaient été portés à sa connaissance que postérieurement à la seconde instance.

Sur ce point, le tribunal lui donna raison : « tout fait, dit-il, qui n'a pas été jugé et qui n'a pas été pardonné, rend la demande en séparation recevable, lors même qu'il serait antérieur par sa date à une demande précédemment rejetée. Or, ou le fait a été ignoré, ou il a été connu. Dans le premier cas, évidemment il n'a pas été couvert par le pardon, dans le second cas, il appartient aux juges de décider, suivant les circonstances, s'il a été ou non pardonné. »

Naturellement, le prince de Bauffremont n'admit pas cette théorie et il porta la question devant la cour d'appel qui confirma le jugement en l'appuyant encore de nouveaux arguments : « il ne peut y avoir chose jugée, dit cet arrêt, qu'autant qu'il a déjà été statué expressément ou implicitement sur tous les griefs produits. Il n'est pas admissible que le demandeur en séparation devienne la victime de sa propre ignorance ou de l'habileté de l'auteur des faits à les tenir dans l'ombre, et qu'il se voie repoussé par la justice au moment même où se révèle à lui l'existence d'un grief, peut-être impardonnable et rendant la vie commune à jamais impossible. Quant à la preuve de la connaissance du fait, en présence de l'allégation d'ignorance, elle incombe au défendeur, à titre d'exception,

comme la fin de non-recevoir tirée de la réconciliation. »

La puissance de ce raisonnement ne parvint pas à convaincre le mari, qui forma un
pourvoi devant la Cour de cassation et vit ses
prétentions rejetées pour la troisième fois.

Il y a, en effet, une raison de bon sens à
ne pas repousser la preuve d'un fait sous
prétexte qu'un autre fait d'une nature différente a déjà été vainement invoqué. Voilà,
par exemple, un mari qui intente une action
basée sur l'adultère de sa femme : l'enquête
n'établit pas le délit d'une manière certaine
et il est déclaré mal fondé dans sa demande ;
cet échec ne lui enlèvera en rien le droit d'alléguer un autre adultère différent du premier
par l'époque où il s'est commis, par les circonstances qui l'ont accompagné et par la
qualité même du complice.

Ou bien encore c'est une femme trompée
et maltraitée par son mari : dans le but d'é-
viter le scandale elle base sa demande uniquement sur des excès et des sévices ; or, le
coupable, par ses mensonges et son habileté
l'empêche de prouver ce qu'elle avance, il

lui reste alors la faculté d'intenter une nouvelle action pour adultère, action qui a plus de chances de réussir que la première.

Il en serait autrement si la seconde instance n'avait d'autre but que de revenir sur la première, en voulant établir les mêmes faits avec de nouveaux témoignages : dans ce cas, la prétention du demandeur serait repoussée avec raison, puisqu'il y a chose jugée ; mais il appartient au tribunal de décider s'il y a ou non identité entre les nouveaux faits invoqués et les faits antérieurs sur lesquels il a été statué, et aussi de rechercher comment ces faits ont pu être ignorés par l'époux qui les invoque.

Nous arrêterons là le récit des procès Beauffremont qui pourrait cependant être encore long, ceux que nous venons de dire ne formant que le prélude, mais les nouveaux incidents qui se sont produits depuis 1875 n'ont plus trait à la question que nous discutons.

CHAPITRE V

L'allongement de la chaîne. — Encore la fidélité. —
Désaveu de paternité. — Et les enfants ? — Ce que
devient la puissance paternelle. — La séparation
de biens. — Les avantages matrimoniaux. — Comment finit la séparation de corps. — Rétablissement de la vie commune. — Nouveau mariage
après le divorce.

Nous voilà arrivés au dénouement, et c'est
ici que se révèlent les inconvénients immenses de la séparation de corps.

Les époux sont séparés de par la loi, ils
ont combattu dans ce but pendant de longs
mois, ils ont remué bien des vilaines choses
et découvert bien des plaies ; toutes les armes

ont été bonnes dans ce duel que les hommes de chicane sont venus envenimer. Quel est le résultat du combat ? *Much ado about nothing,* beaucoup de bruit pour rien, dit le proverbe anglais. Les deux galériens se sont meurtris, en secouant leur chaîne et en se frappant avec ses anneaux, la chaîne ne s'est pas brisée, elle s'est allongée tout au plus. N'est-ce pas toujours un peu l'histoire de l'huître, celle-ci est mangée et ses écailles seules restent aux plaideurs ?

La fidélité imposée par le code vous pesait, elle subsiste. Ne croyez pas, madame, que vous allez être libre de vivre tranquillement avec votre amant ou vos amants : ce droit vous est refusé. Il est vrai, qu'en pratique, votre mari sera trop content d'être débarrassé de vous pour vous chercher dans l'avenir des taquineries, et que vous pouvez habiter là où il vous plaira : mais, légalement vous êtes toujours mariée et par suite vous ne devez pas appartenir à un autre que lui. Si donc, il lui convient de troubler vos tête-à-tête à l'aide d'un commissaire de police, et de vous faire condamner à abandonner votre complice sous peine de dommages-intérêts, fixés par chaque jour de retard, il le peut.

C'est assez juste, après tout, car vous continuez à porter son nom et il est vexant de voir ce nom servir d'enseigne à la prostitution. La loi devait vous obliger à reprendre votre nom de fille, mais elle a oublié de le faire.

Quant à cette fidélité odieuse que vous lui devez encore légalement, il ne vous la doit plus que moralement, car vous savez bien qu'un mari n'est coupable aux yeux de la loi que si sa concubine a été entretenue dans le domicile conjugal, or, comme après la séparation, le domicile conjugal n'existe plus, partant il n'y a plus de délit possible.

Ce n'est pas tout, et ce système bâtard de la séparation de corps présente une anomalie bien autrement bizarre.

Si la femme vient à avoir des enfants, ces enfants appartiennent au mari et sont censés être le fruit de ses œuvres, en vertu du principe « dans le mariage tous les enfants sont pour le mari » et pour repousser cette paternité qui lui est odieuse, le mari devra avoir recours à la procédure du désaveu, c'est-à-dire qu'il devra recommencer un procès. Or, le désaveu ne peut réussir que s'il y a eu impossibilité physique pour les époux de rapports intimes résultant de l'éloignement ou de quelque accident, — ce qui est assez difficile à établir quand la coupable habite dans la même ville et soutient avoir reçu son mari, — ou s'il y a eu adultère de la femme avec dissimulation de la naissance de l'enfant, moyen qui tombe de lui-même si cette naissance est notifiée au mari.

Donc, dans certains cas, le mari ne pouvant établir que l'enfant est d'un autre que lui, sera obligé d'en accepter la paternité, malgré l'évidence et la notoriété publique.

Voilà les conséquences où on en arrive.

Au moins, avec le divorce, on n'a plus de préoccupations à avoir pour l'avenir : la chaîne est rompue et bien rompue, on ne traîne pas de boulet à son pied; les époux cessent de se connaître, et chacun va de son côté cherchant à oublier le mauvais rêve qu'ils ont fait ensemble, libre de se reconstituer un nouvel intérieur et une nouvelle famille, si l'expérience de la première tentative ne les a pas dégoûtés à jamais de recommencer.

Le sort des enfants. — Et les enfants ? qu'en fera-t-on après la mêlée ?

On a beaucoup parlé d'eux pendant le procès, on a mis leur avenir en avant, chaque époux les a réclamés avec acharnement ; les pauvres petits ont été tiraillés à droite et à gauche, pris entre l'enclume et le marteau, choisis comme champ de bataille de deux haines, a dit Legouvé, moins heureux que les orphelins.

Lorsqu'il n'y en a qu'un, les juges ne peuvent cependant point faire comme Salomon : ils risqueraient de voir leur sentence exécutée, tant la jalousie de sa possession est arrivée à un point aigu.

Les enfants sont généralement confiés à l'époux qui a obtenu la séparation ; mais il arrive souvent que les torts sont assez graves des deux côtés pour qu'aucun ne soit digne d'en avoir la garde : dans ce cas, le tribunal, sur les conclusions du ministère public, les confie à une tierce personne, quelquefois un parent, quelquefois même un étranger.

Il peut arriver aussi que les raisons qui motivent la séparation, basées sur tout autre chose que l'inconduite, n'autorisent pas l'exclusion de la partie qui succombe: alors les deux disjoints jouissent de leurs enfants à tour de rôle; s'il y en a plusieurs, le tribunal confiera plus particulièrement les jeunes et les filles à la mère, tandis que les garçons seront remis au mari; s'il n'y en a qu'un, il sera tantôt avec le père, tantôt avec la mère. Bref, le tribunal ne s'inspire en pareille matière que de sa conscience et il a un pouvoir absolu.

Lorsque l'époux indigne est privé de la garde de ses enfants, il n'en conserve pas moins le droit de les voir à heures et jours déterminés dans une maison désignée par le tribunal, et il peut aussi surveiller leur entretien et leur éducation. Le père conserve donc toujours la puissance paternelle, il n'est privé que du droit de garde, et sa volonté prévaut lorsqu'il y a dissentiment avec la mère ou le tiers auquel les enfants ont été confiés, sauf recours aux tribunaux si cette volonté était abusive et vexatoire. Les deux époux doivent aussi contribuer solidairement à l'entretien de leurs enfants.

Toutes ces conséquences sont communes à la séparation de corps et au divorce.

Ajoutons que le jugement qui confère à l'un des époux la garde et l'éducation des enfants n'est point irrévocable et reste susceptible d'être modifié, s'il y a lieu : c'est ainsi, par exemple, que si cet époux avait la tentation de s'expatrier, l'autre, mis par là dans l'impossibilité d'exercer son droit de surveillance, pourrait demander la remise de l'enfant entre les mains d'un tuteur. Si le même époux se contentait de changer de résidence en France, il devrait faire connaître ses intentions, pour que l'autre pût le suivre et voir ses enfants aux époques et pendant le temps déterminés par le tribunal.

Enfin, en cas de refus ou de retard par un époux de remettre, après la séparation de corps ou le divorce, les enfants communs à l'autre époux qui en a la garde, la justice intervient pour le condamner à des dommages-intérêts déterminés par chaque jour de retard.

Cette rapide énumération des difficultés qui peuvent naître à la suite d'une séparation de corps montre que l'ère des procès n'est pas terminée, que le scandale peut durer encore longtemps et que de beaux jours sont réservés aux hommes de la basoche.

Parmi les mille procès pouvant avoir pour prétexte la garde des enfants, nous croyons bon d'en citer un, instructif au point de vue du droit, et qui montre en outre le sort que la désunion des parents fait le plus souvent à leurs enfants.

En 1851, une dame B*** forma contre son mari une demande en séparation de corps : un jugement l'admit à produire la preuve de quelques-uns seulement des faits articulés et rejeta les autres. Elle interjeta appel de ce chef, et comme il y avait deux petites filles âgées l'une de six ans et l'autre de quatre ans confiées provisoirement au mari, la cour ordonna que pendant l'instance la mère pourrait les voir toutes les fois qu'elle le

jugerait convenable et dans un lieu déterminé.

Des amis communs intervinrent alors. Il
fut convenu à l'amiable que le procès ne serait pas poussé plus loin et que les enfants
seraient échangées tous les quinze jours dans
une maison commune, jusqu'à l'âge de sept
ans, qu'à cette époque, elles seraient placées
en pension et passeraient alternativement
une partie de leurs vacances chez l'un et chez
l'autre.

Triste compromis dont il était facile de
prévoir les résultats.

Le père, qui avait cependant volontairement souscrit à cette combinaison, parvint à
dominer la plus jeune des petites filles et à
l'exciter tellement contre sa mère, que, lorsque celle-ci paraissait, l'enfant poussait des
cris terribles : aussi l'échange devint impossible.

La mère ne se découragea pas, et lorsqu'en 1856 l'enfant fut mise en pension, elle
renouvela ses tentatives pour chercher à la
voir et à la ramener à elle; mais elle ne tarda
pas à reconnaître que, malgré son jeune âge,

la petite fille avait reçu une impression forte
et durable et que son cœur était absolument
fermé. Elle attendit, et en 1861 elle tenta un
dernier effort: elle envoya sa fille aînée à son
mari, espérant qu'il lui enverrait la sienne à
son tour, mais celui-ci s'y refusa formellement.

La dame B*** revenant alors, elle aussi,
sur ses promesses, intenta de nouveau une
demande en séparation de corps, basée sur
l'injure grave résultant de la pression de
son mari sur une de ses enfants. Le tribunal
et la cour lui donnèrent raison et décidèrent
que les jeunes filles seraient mises en pension
jusqu'à vingt et un ans ou jusqu'à leur mariage et seraient vues alternativement par le
père et par la mère. Le sieur B*** se pourvut
en cassation contre cet arrêt, mais son pourvoi fut rejeté. Alors, usant d'un moyen propre à annuler les décisions judiciaires, il
émancipa ses filles et les retira de pension.
Nouvel arrêt qui l'obligea à les y réintégrer
sous une contrainte de cent francs par jour
de retard, et enfin, nouveau pourvoi, encore
rejeté.

La dame B*** avait définitivement gain de cause. Qu'y a-t-elle gagné? A-t-elle pu ressaisir l'affection qui la fuyait? Le journal du Palais ne le dit pas.

Que doit-on plaindre le plus ici, des parents qui vivent en ennemis et se poursuivent sans relâche, ou des enfants qu'on traite en prisonniers et qui finissent par perdre pour le vainqueur et pour le vaincu l'amour qui ne peut croître qu'autour d'un foyer uni.

Ajoutons qu'au point de vue des intérêts pécuniaires, les enfants nés du mariage dont le lien a été rompu, conservent les avantages qui leur sont assurés par les lois et les conventions matrimoniales de leurs père et mère, mais leurs droits ne s'ouvriront que de la manière dont ils se seraient ouverts s'il n'y avait pas eu divorce ou séparation.

Effets de la séparation et du divorce relativement aux biens. — A côté de la question de sentiment, celle-ci a bien son importance, et pour beaucoup elle est même placée en première ligne : l'argent joue toujours son rôle, aussi bien quand il s'agit de se séparer que quand il s'agit de se marier, et franchement cela se comprend assez, car il est juste que l'époux désenchanté retire au moins sa fortune de la bagarre.

La séparation de corps et le divorce ont comme corollaire rigoureux la séparation de biens : la femme reprend l'administration de sa fortune, mais avec la séparation de corps elle ne peut disposer que de ses meubles, et il lui faut toujours pour aliéner ses immeubles, souscrire les engagements de longue durée et ester en justice, l'autorisation de son mari.

Pendant l'instance et même jusqu'à la liquidation définitive de la communauté, le mari conserve le droit d'aliéner et d'administrer ; mais comme cette faculté lui permettrait de satisfaire son animosité et de compromettre la fortune de sa femme, ses actes peuvent être attaqués comme entachés de fraude et annulés si l'intention frauduleuse apparaît. Il conserve aussi la disposition du mobilier, mais à charge de répondre de sa valeur.

La seconde conséquence de la séparation de corps et du divorce est de faire perdre, de plein droit, à l'époux qui succombe, les avantages matrimoniaux qui lui avaient été accordés. Cette déchéance s'entend, non seulement des donations entre-vifs, mais même des donations testamentaires et des présents de noce énoncés dans le contrat ou qui présenteraient une importance particulière. Les raisons de cette révocation sont les mêmes que celles des donations pour cause d'ingratitude; il serait injuste qu'un époux vînt recueillir au détriment de ses enfants des avantages dont il s'est rendu indigne.

La femme, contre qui la séparation a été prononcée, perd son droit à la pension que lui faisait son mari, mais si elle est indigente, une pension alimentaire pourra lui être accordée : il en serait de même pour le mari indigent, en vertu du principe que les époux séparés de corps se doivent toujours des secours réciproques.

Si les époux ne s'étaient fait aucun avantage ou si ceux qu'ils avaient stipulés ne paraissaient pas suffisants pour assurer la subsistance de l'époux qui a obtenu le divorce ou la séparation, le tribunal sera en droit de lui accorder sur les biens de l'autre une pension alimentaire qui ne pourra excéder le tiers du revenu de celui-ci. Cette pension devient révocable dans le cas où elle cesserait d'être nécessaire.

Comment finit la séparation de corps. — Le code ne s'explique point sur les manières dont la séparation peut prendre fin ; il prévoit seulement les cas où, après une séparation de biens, les époux veulent rétablir leurs conventions matrimoniales dans leur état primitif, et il exige que leur consentement exprès soit manifesté par acte passé devant notaire et avec minute dont l'expédition doit être affichée avec certaines formalités. Aucune disposition de loi ne détermine les conditions d'un rapprochement survenu après le jugement de séparation de corps.

En 18·6, lorsque le divorce fut aboli, le projet de loi, donnant une organisation nouvelle à la séparation de corps, contenait un article qui faisait cesser la séparation par le rétablissement notoire de la vie commune. Ce projet, adopté par la Chambre des pairs, fut présenté à la Chambre des députés; mais on sait le sort qui lui a été réservé : il se perdit au milieu des mille questions oiseuses soulevées par la politique.

La jurisprudence admet que la séparation peut prendre fin par la volonté mutuelle des époux, volonté qui se manifeste par leur réconciliation. Il ne suffit donc pas que l'époux à qui la justice a donné raison pardonne, il faut aussi que l'autre consente à recevoir ce pardon, car on ne peut l'obliger à perdre les bénéfices d'un jugement.

Aucune formalité n'est nécessaire pour rendre cette réconciliation valable, et à défaut d'un acte écrit, elle peut-être prouvée par témoins ; mais elle est subordonnée à une condition impérative qui est le rétablissement de la vie commune, résultant de rapports constants et publics, sur la nature desquels aucune contestation ne peut s'élever. Sans cette condition tous les faits spéciaux qui seraient articulés comme preuves de la réconciliation seraient sans valeur.

Une femme, par exemple, ne pourrait se prévaloir de relations intimes qu'elle aurait cues avec son mari, après le jugement de séparation de corps, pour soutenir que la séparation est réputée ne plus subsister et pour imposer sa réintégration dans le domicile conjugal, lorsque ces relations intimes n'auront pas été suivies d'une reprise complète de la vie commune.

A cette rigueur de la jurisprudence, on oppose que les rapports conjugaux constituent nécessairement la reprise de la femme par le mari, à titre d'épouse, et impliquent l'obligation de la recevoir au domicile conjugal : on s'appuie en outre sur cette disposition de loi qui arrête une demande en séparation de corps lorsqu'il y a eu réconciliation entre les époux.

La réponse à ces objections est facile. La pensée d'oubli et de pardon qui se présume aisément chez un mari se rapprochant de sa femme et en acceptant les caresses, lorsqu'il s'agit soit de prévenir, soit d'étouffer une contestation scandaleuse, a besoin, lorsqu'il s'agit de paralyser l'effet légal d'un jugement, d'être nettement exprimée : la jurisprudence ne considère pas l'intention des époux de se revoir, mais le fait réel de la réunion, de la reprise publique de la femme.

L'espèce s'est présentée : un sieur P*** qui avait obtenu la séparation contre sa femme pour cause d'adultère, eut, quelque temps après le jugement, un retour amoureux. Il pensait sans doute que la femme, indigne d'être épouse, pouvait encore lui procurer quelques satisfactions. Encouragé au reste par la coupable, il se rendit un soir furtivement auprès d'elle, jouant le rôle d'un amoureux en bonne fortune qui craint d'être surpris et il eût le plaisir nouveau de s'imaginer se tromper lui-même : après quoi, aux premiers chants de l'alouette, il regagna son domicile.

Ce manège dura plusieurs semaines ; mais la dame P*** qui, dans sa pensée, n'avait pas consenti à un rendez-vous d'amour, uniquement dans un but romanesque, signifia à son Roméo qu'elle comptait retourner habiter avec lui et ne pas jouer plus longtemps les Juliette. Roméo qui préférait le nouveau système refusa net. On plaida et,

après avoir perdu devant le tribunal, P***
gagna devant la cour.

Les seconds juges pensèrent, avec raison,
que le fait d'un mari qui avait des relations
fugitives avec sa femme et qui, sa passion
assouvie, la quittait le matin comme une
vulgaire fille publique, n'était en réalité
qu'une injure et ne pouvait être considéré
comme la marque d'une réconciliation.

P*** resta donc séparé et la dame P*** en
fut pour ses frais de séduction.

Mariage après divorce. — Le droit de se
remarier après divorce recevait, sous la législa-
lation de 1804, deux restrictions :

Lorsque le divorce était prononcé pour
adultère, le coupable ne pouvait plus se remarier avec son complice, et les époux divorcés ne pouvaient plus contracter ensemble
un nouveau mariage.

Dans sa séance du 9 mai dernier, la Chambre
des députés a repoussé ces deux restrictions
qui peuvent être soutenues et attaquées, au
reste, par de puissants arguments.

Permettre le mariage de l'époux adultère
avec son complice, ce sera lui donner un

moyen de satisfaire sa passion et l'encourager souvent à commettre une faute, dans le but de réaliser un projet de mariage avantageux. Empêcher ce mariage, ce serait vouloir perpétuer une situation fausse et scandaleuse : en outre, cela obligerait les magistrats à mettre dans leur jugement le nom du complice et nous avons vu que, par des raisons de réserve et de prudence, ils évitaient toujours de mettre celui-ci en cause ; enfin, un grand principe serait violé et une véritable condamnation serait prononcée, sans que le condamné ait été entendu, sans même qu'il ait été appelé.

L'époux divorcé pour adultère pourra donc épouser son complice, et dans cette solution se trouve peut-être la véritable moralité : les séducteurs qui auront le mariage en perspective seront moins entreprenants, et, s'ils persistent, le sort qui les attend, lorsqu'ils seront unis par des liens légitimes à leur maîtresse, donnera au mari trompé sa meilleure vengeance.

Quant au nouveau mariage entre eux des époux divorcés, le législateur de 1804 pensait qu'une première tentative devait être suffisante et qu'il était inutile d'en autoriser une seconde, susceptible d'amener les mêmes résultats.

Il semble, en effet, que ce soit un peu se jouer du divorce que de reprendre la vie commune, après avoir crié bien haut et fait solennellement décider qu'elle était à tout jamais insupportable, et il y a à craindre, qu'avec cette faculté, l'usage du divorce ne devienne simplement qu'une occasion de se soumettre à des épreuves passagères. En outre, l'espoir d'une réunion qui pourrait présenter d'abord à des esprits inattentifs l'apparence de quelques avantages, entraînerait à la longue des conséquences fâcheuses et arriverait à corrompre l'opinion qu'on doit se faire du divorce.

A cela on répond que la société doit trouver sa véritable garantie contre la facilité des divorces, non pas dans l'impossibilité d'une réunion future, mais dans l'étroite limitation des motifs de divorce et dans l'examen sérieux des magistrats qui en accorderont ou refuse-nt l'autorisation, et que la réconciliation

doit être favorisée lorsque, depuis la rupture
du lien conjugal, nul acte irréparable ne s'est
accompli de la part d'aucun des deux époux.

Donc, les anciens époux pourront faire cé-
lébrer leur nouvelle union à moins que l'un
ou l'autre n'ait contracté un nouveau mariage.
Le cas ne se présentera pas souvent, soyons-
en sûrs, d'autant plus que la seconde tentative sera irrévocable.

MORALITÉ

———

Et maintenant que nous avons passé par toutes les étapes d'une procédure en séparation de corps ou de divorce, quelle moralité devons-nous tirer de ces luttes enfantées par le mariage ?

Peut-être faudrait-il conclure qu'il y a grande imprudence à se jeter ainsi volontairement dans des aventures qui sont susceptibles de tourner si mal ; mais cette conclusion ne serait pas morale, car le mariage est une institution nécessaire dans la société ; elle ne serait surtout pas pratique, car dire au malade qu'il a tort de souffrir, ce n'est pas lui indiquer un remède.

La véritable solution se trouve dans ce

proverbe populaire qui conseille de ne jamais jeter le manche après la cognée. Il ne faut pas se hâter de désespérer, et avant d'avoir recours aux moyens extrêmes, il est sage et prudent de peser longuement les conséquences de la résolution qu'on veut prendre.

Eh, mon Dieu ! il en est un peu dans le mariage comme dans l'amitié : on demande aux autres de l'or pur et sans alliage contre un billon quelconque : chacun veut avoir un ami, mais personne ne s'occupe d'en être un : chacun exige des concessions et aucun ne consent à en faire.

Vous prétendez que vous ne pouvez plus vous entendre et que la vie commune est devenue insupportable, en êtes-vous bien sûrs? Et franchement, avez-vous fait des efforts sérieux pour réagir? ne vous êtes-vous pas plutôt laissé aller, dès le principe, à un mécontentement qui s'est nourri de lui-même, et si « l'autre » est coupable, n'avez-vous pas aussi quelques reproches à vous adresser?

Vous vous en souvenez bien, — nous en avons parlé plus haut, — il y a toujours une heure terrible dans les ménages, c'est celle où la femme en regardant son mari et le mari en regardant sa femme, se disent mentalement, chacun de leur côté : « ce n'est pas là, décidément, ce que j'attendais ; je croyais avoir épousé un être intelligent, affectueux et tendre, d'humeur douce et doué de bon sens, je me suis lourdement trompé ». Cette heure sonne pour tous les époux ; elle arrive plus ou moins vite, selon que les premières caresses ont mis plus ou moins longtemps un bandeau sur les yeux, mais elle arrive fatalement.

Alors, si on ne lutte pas sur-le-champ contre soi-même, si on se laisse aller peu à peu à l'idée que tout est perdu, on en arrive insensiblement à se prendre en grippe, et lorsque le désir revient de faire cesser une situation qui menace d'être trop tendue, il est trop tard.

En ménage, comme en politique, les concessions qui ne sont pas faites en temps opportun deviennent inutiles. Or, le mariage vit de concessions et de sacrifices mutuels. Ce n'est pas une chose légère que de prendre femme et que de fonder une famille, il y a des moments pénibles à passer, il faut que chacun y mette du sien, sinon la partie cesse d'être égale.

On raconte qu'une jeune et jolie levrette — un peu coquette — crut trouver dans un boule-dogue l'idéal qu'elle avait rêvé et qu'elle l'épousa. Peu de temps après son mariage, elle s'aperçut que son erreur avait été grande ; d'abord, elle se désespéra, puis roula dans sa petite cervelle mille projets plus extravagants les uns que les autres, puis... se calma. « J'ai réfléchi, dit-elle, dans les mémoires qu'elle a écris à l'usage des personnes de son sexe, qu'étant donnés deux êtres rivés à la même chaîne, à tort ou à raison, le seul moyen pour eux de rendre la chaîne moins lourde était de s'en partager volontairement le fardeau. Se tromper de mari, épouser une clarinette de second ordre, au lieu d'un ténor de choix, c'est une faute absurde, mais ce qui est plus absurde encore, c'est d'en mourir de chagrin. » Réflexions pleines de justesse et de bon sens que beaucoup d'époux désillusionnés devraient se faire.

Votre mari est un sauvage, madame, un homme grossier et terre à terre ; eh bien ! puisque vous avez de la poésie pour deux et qu'on ne fait qu'un en ménage, mettez tous vos efforts à le poétiser un peu : dites-vous que l'amour dont on parle tant est un oiseau fort rare et qu'il ne faut pas demander à la vie plus qu'elle ne peut donner ; — nous avons des désirs si longs avec des bras si courts ! — les existences bourgeoises ne comportent pas les choses romanesques, et les félicités que chantent les romances et les sonnets ne font pas le bonheur.

Dites vous surtout qu'un amant ne vous donnera pas ce qui vous manque. Les céli-bataires, dont l'occupation est de faire la cour aux femmes des autres, ne sont que d'aima-bles polissons qui recherchent surtout une satisfaction d'amour-propre et voient dans l'adultère une union qui les flatte et ne leur coûte pas cher ; si vous saviez les confi-dences qu'ils font à leurs amis à votre sujet ; si vous voyiez cet amour, que vous gardez au fond du cœur comme un parfum précieux, éparpillé au milieu de l'ivresse et livré aux rires canailles de viveurs et de filles publiques, vous perdriez rapidement vos illusions.

Votre mari vous trompe: évitez les reproches violents qui ne le corrigeraient pas et mettraient entre vous une barrière difficile plus tard à franchir; feignez de tout ignorer, — fermer les yeux sur ce qu'on ne peut empêcher est souvent une grande habileté — au lieu de bouder, redoublez d'amabilité à son égard; il vous reviendra un jour ou l'autre, soyez-en sûre, lorsqu'il aura compris que le pot-au-feu conjugal vaut mieux que les plats épicés et indigestes du restaurant.

S'il n'y a pas de scandale, n'en faites pas vous-mêmes, à quoi cela mènerait-il? Vous savez que l'adultère d'un mari n'est pas une cause de divorce. Surtout ne cherchez pas à vous venger, il y a des armes qui blessent la main qui les touche, et si vous mettiez votre projet à exécution la punition ne serait pas proportionnée au crime.

Votre femme est sentimentale, monsieur: pourquoi ne le seriez-vous pas aussi de temps en temps? ne vous habituez pas à croire que tout vous est dû et qu'il suffit de faire un signe pour être obéi. Que diable! vous avez bien eu dans le temps une maîtresse, vous étiez sans doute aimable et assidu auprès d'elle,—si non, elle vous eût planté là,—retrouvez au fond de votre mémoire quelques-unes des prévenances et des caresses d'antan; soyez un peu l'amant de votre femme, comme si vous aviez peur de la perdre, demandez et n'exigez point : en un mot soyez romanesque, puisqu'elle aime le roman.

Votre femme est peu intelligente et vous baillez en sa société: dites-vous que deux esprits transcendants dans la même maison se gênent mutuellement, et qu'il y en a toujours un de porté à contredire l'autre; si votre femme était aussi forte que vous elle en profiterait pour vous écraser.

Elle est maussade: consolez-vous en pensant que sa mauvaise humeur est un gage de son honnêteté, car elle éloigne les galants, et puisqu'elle se montre avec vous telle qu'elle est, c'est qu'elle n'a rien à vous cacher.

Bref, votre femme vous épouse avec vos défauts et vous l'épousez avec les siens; le plus riche doit être indulgent.

Enfin, si pour une raison ou pour une autre, vous vous trouvez amené à lui faire quelque infidélité, agissez avec discrétion et délicatesse, montrez-vous auprès d'elle plus empressé et plus tendre que jamais : de la foorme, dirait Brid'oison; aimez-vous en public. Il y a des maris qui ne sont vraiment aimables avec leur femme que lorsqu'ils ont une maîtresse et qui savent tenir égale la balance entre elles : ces maris-là sont des diplomates, il leur arrive rarement malheur.

Si, malgré tous vos efforts, vous ne pouvez arriver à faire plier une nature indomptable, si, malgré vos concessions, on vous cherche querelle à tout propos, si malgré votre tendresse on vous trompe impudemment; il vous reste un parti bien simple à prendre: séparez-vous, mais séparez-vous à l'amiable, sans bruit et sans éclat, et ne mettez personne dans votre confidence, surtout ne vous adressez pas aux hommes d'affaire dont le métier est d'envenimer.

Supposons, par exemple, que vous trouviez votre femme en conversation criminelle,

— il est difficile de laisser passer cela, — au lieu d'aller chercher le commissaire ou de décrocher votre grand sabre, de jeter des cris et de faire du tumulte, contentez-vous d'apparaître froid et silencieux sur le seuil de la chambre adultère, écrasez sous un sourire méphistophélique les deux coupables et mettez-les dehors, sans violence et sans récriminations; soyez certain que ce procédé les vexera considérablement; l'amant comprendra qu'il y a parfois des ennuis à dérober le bien d'autrui, et souvent ils regretteront l'un et l'autre la liberté qui leur aura été accordée.

Certes, si le divorce était tel qu'il devrait être, s'il se prononçait à huis-clos, dans le silence du cabinet d'un magistrat, avec l'intervention des membres de la famille, il serait préférable à toute autre solution, car avec lui la situation serait plus nette et la tranquillité de l'avenir serait assurée. Malheureusement, il ne faut pas se dissimuler qu'après des débats publics la situation des époux divorcés est fort compromise et qu'il est bien difficile pour eux de reprendre place dans une société initiée à leurs premières infortunes.

Vous aurez beau avoir pleinement raison, votre adversaire trouvera toujours bien le moyen de jeter un peu d'odieux sur votre conduite, ne sera-ce que pour expliquer sa faute; on insinuera beaucoup de choses désagréables à votre sujet; il y aura des sous-entendus, et les badauds se diront qu'après tout, vous avez eu le sort que vous méritiez.

Si l'époux coupable n'accepte pas cette séparation amiable et, refusant de reconnaître ses torts, veut forcer l'autre à supporter le maintien de la vie commune, ou bien encore si des intérêts pécuniaires sont en jeu, si la garde des enfants soulève des difficultés, si la conduite de la femme adultère est telle qu'il y a scandale public : alors adressez-vous à la justice ; mais, encore une fois, n'ayez recours à ce dernier remède que si vous ne pouvez pas faire autrement, car, en vérité, je vous le dis, les débats judiciaires vous aigriront, vous saliront et vous feront une situation des plus pénibles.

Donc, retirez vous simplement, chacun de

votre côté, sous votre tente; restez-y en attendant des jours propices; prenez patience et dites-vous que si le divorce est meilleur que la séparation de corps, c'est encore un remède bien dur à supporter. Peut-être viendra le moment où l'âge et les malheurs ayant calmé les passions et la violence des premiers temps, vous serez heureux de vous réunir de nouveau et de reprendre la vie commune ; les enfants, si vous en avez eu avant de vous séparer, pousseront à cet effacement du passé, et le souvenir de luttes publiques et d'attaques sur papier timbré ne viendront pas empêcher le temps de faire son œuvre d'apaisement.

Ne vous plaignez pas de ce que ce système vous contraint au célibat et vous enlève la ressource offerte par le divorce de chercher le bonheur dans une nouvelle union.

Malheureux ! est-ce qu'une expérience ne vous suffit pas ? voulez-vous encore tenter l'aventure ? et dans quel but, s'il vous plaît ? Êtes-vous donc un de ces pauvres mercenaires pour qui la femme est une nécessité impérieuse, non point parce qu'elle est femme, mais parce qu'elle est la bûche économique de leur humble foyer, qu'elle fait cuire leur soupe et raccommode leur culotte : non, n'est-ce point. Vous êtes indépendant, vous voyez dans la femme un objet de luxe, source de joies paisibles, et non un meuble indispensable ; or donc, quel besoin avez-vous d'enchaîner de nouveau votre liberté et de courir le risque de faire fausse route pour la seconde fois, alors que vous pouvez vivre tranquillement, à votre guise, sans soucis et sans tracas ?

Rappelez vous ces hommes que vous rencontrez de temps en temps, qui, pendant trente ou quarante ans ont traîné le boulet conjugal : pauvres êtres annihilés, ils marchaient hébétés, blanchis avant l'âge, courbés sous le poids de la mauvaise humeur d'une femme autoritaire et acariâtre, n'ayant plus la force de vouloir et d'espérer. Un jour, Dieu a eu pitié de leurs maux et il a rappelé à lui leur compagne, pour la donner aux enfers en société à quelque âme récalcitrante ; alors, tout à coup, ces hommes affaissés se sont redressés, ils ont senti qu'ils pouvaient vivre encore, qu'il fallait rattraper le temps perdu, et on les a vus rajeunir, reprendre goût aux choses dont ils avaient été privés, montrer que le veuvage a du bon.

Songez au nombre de femmes qui, à la mort de leur mari, poussent le même soupir de soulagement, après de longues années de froissements et de souffrances secrètes.

Ces gens-là ne songent pas à se remarier, car l'expérience leur a coûté assez cher, pourquoi n'imitez-vous pas leur sagesse?

Regardez autour de vous et comptez combien vous apercevez de ménages heureux : *apparent rari nantes in gurgite vasto,* beaucoup de mariés et peu de contents; ne vous relancez pas dans une entreprise dont les résultats sont si aléatoires : vous avez déjà fait naufrage, la mer vous sourit et vous tente, ne vous y fiez point, car l'orage peut encore engloutir votre esquif.

Au reste, à quoi bon insister? il est très probable que tous ces conseils sont inutiles, d'abord parce que tel est le sort ordinaire des conseils, ensuite parce que l'introduction du divorce dans nos mœurs va peut-être modifier le mariage à ce point que la perspective pour les époux de pouvoir se quitter leur en enlèvera la pensée : les maris deviendront plus délicats et les femmes plus aimables.

Beaucoup prétendent que dans les amours illégitimes, si les amants sont aussi tendres pour leurs maîtresses, cela tient uniquement à la crainte qu'ils ont de se voir quitter, et ils ajoutent que les ménages iraient mieux si les maris avaient pour leurs femmes les caresses qu'ils dépensent ailleurs.

Le divorce aura peut-être un effet salutaire; non seulement il sera un remède, mais de plus sa crainte mettra dans le mariage un élément de concorde et d'union, et ainsi sera justifié le jugement de Montaigne : « Ce qui tint les mariages à Rome si longtemps en honneur et sûreté fut la liberté de les rompre qui vouldrait. Les maris gardaient mieux leurs femmes d'autant qu'ils les pouvaient perdre, et en pleine licence du divorce il passa cinq cents ans avant que personne s'en servît. »

TABLE

—

PREMIÈRE PARTIE

CHAPITRE PREMIER

FAITS QUI PEUVENT SERVIR DE BASE A UNE DEMANDE
EN SÉPARATION DE CORPS OU DE DIVORCE

CHAPITRE II

INJURES — EXCÈS — SÉVICES — FAITS INJURIEUX

CHAPITRE III

L'ADULTÈRE

DEUXIÈME PARTIE

CHAPITRE PREMIER

PROCÉDURE

CHAPITRE II

MESURES PROVISOIRES

CHAPITRE III

FINS DE NON-RECEVOIR

CHAPITRE IV

CONTINUATION DE LA PROCÉDURE — ENQUÊTES

CHAPITRE V

EFFETS DE LA SÉPARATION ET DU DIVORCE

Paris. — Imp. P. MOUILLOT, 13-15, quai Voltaire. — 28614.

Atlas de l'histoire du Consulat et de l'Empire.
66 cartes ou plans dessinés par Duvotenay et Dufour,
sous la direction de M. Thiers et gravés sur acier par
Dyonnet. In-folio cartonné. . . . .   30 fr.

AUGUSTIN THIERRY. — **Œuvres complètes.** Édition
définitive, revue sur les manuscrits laissés par l'auteur,
et augmentée d'un septième récit des temps mérovin-
giens. 9 volumes in-18, format anglais.. . . . .   18 fr.

Le même ouvrage, 5 volumes in-8° cavalier, papier vé-
lin glacé, ornés de 20 gravures tirées à part et du portrait de l'auteur. . . . .   30 fr.

MICHAUD. — **Histoire des Croisades.** Magnifique publication illustrée de 100 grandes compositions par Gus-
tave Doré, gravées par Bellenger, Doms, Gusman, Jon-
nard, Pannemaker, Pisan, Quesnel. Deux beaux vol. in-
folio, papier superfin, reliés en toile rouge avec plaques
spéciales noir et or, tr. ébarbées . . . .   170 fr.

Rome ancienne et moderne, par M. Mary Lafon,
1 fort vol. in-8° jésus, illustré de 24 gravures sur acier,
d'un plan topographique et d'une vue générale de la ville
de Rome.   20 fr.

Histoire de Venise, depuis sa fondation jusqu'à la défense du président Manin, par Léon Galibert. 1 beau
vol. grand in-8° jésus, orné de 23 vignettes sur acier et
d'une magnifique vue de Venise et de sa lagune.   18 fr.

Histoire de l'Algérie ancienne et moderne, depuis
les premiers établissements des Carthaginois jusqu'à la
prise de Zaatcha en 1853, par Léon Galibert, orné de
24 vignettes sur acier, d'un grand nombre de vignettes
sur bois dessinées par Raffet, de 12 costumes coloriés
des armées françaises en Afrique, et d'une carte de l'Algérie. 1 beau volume grand in-8° jésus. . . . .   18 fr.

La Russie ancienne et moderne, par MM. Charles
Romey et Alfred Jacobs, d'après les chroniques natio-
nales et les meilleurs historiens. 1 beau vol. in-8° jésus,
illustré de 18 grav. sur acier, d'après les dessins d'Ad.
Yvon. . . . .   18 fr.

Histoire d'Espagne, par Mary Lafon, depuis les premier temps jusqu'à nos jours. 2 vol. in-8° cavalier, ornés
de 16 gravures sur acier. . . . .   12 fr.

Histoire des ducs de Normandie, par A. Labutte,
jusqu'à la mort de Guillaume le Conquérant; préface par
H. Martin. 2° édition illustrée de 12 gravures. 1 beau

vol. in-8º cavalier. . . . . 6 fr.

Les marins, par MM. E. Cœpp et Mannoury d'Ectot, 2 vol. in-8º carré, ornés de 47 portraits et de 9 dessins de navires. . . . . 8 fr.

Campagne de 1870, armée du Rhin, par le Dr Quesnoy, 1 beau vol. in-8º avec *carte en 5 couleurs.* 2ᵉ édit. ; suivie des *Ambulances* . . . . 6 fr.

Étude de diplomatie contemporaine, par Julian Klaczko. *Les Cabinets de l'Europe* en 1863-1864, 1 vol. in-8ᵉ cavalier. 7 fr.

Les généraux de la République, par Alfred Barbou. Un beau vol. in-16 orné de 25 gravures . . . . . 2 fr.

Voyage autour du monde. Nouvelle édition, résumé général des Voyages de découvertes de Magellan, Bougainville, Cook, La Pérouse, Duperré, Dumont-d'Urville, Laplace, Baudin, etc. ; publié sous la direction de M. DUMONT D'URVILLE, accompagné de 45 gravures sur acier et de 2 cartes, 2 vol. grand in-8º jésus. . 30 fr.

Voyage dans les deux Amériques, par Alcide D'ORBIGNY. Nouvelle édition, revue et augmentée de renseignements exacts sur les différents États du nouveau monde, la Californie, le Mexique, Cayenne, Haïti, etc. Un volume in-8º jésus, illustré de 28 gravures et de deux cartes. . . . . 15 fr.

Voyage en Asie et en Afrique, par EYRIÈS. Nouvelle édition augmentée des récits des plus récents voyages dans l'intérieur des terres, par M. Alfred Jacobs. 1 vol. in-8º jésus, illustré de 25 vignettes sur acier et de deux cartes. . . . . 15 fr.

Chasses de l'Algérie et notes sur les Arabes du sud, par le général A. Margueritte. 2ᵉ édition. Un beau vol. in-18. 3 fr. 50

Peinture géographique du monde moderne, par Mᵐᵉ PLÉE, suivant l'ordre dans lequel il a été reconnu et découvert. Un vol. in-18 orné de gravures sur bois. 3 fr.

L'Italie d'après nature (Italie méridionale), par Mᵐᵉ FIGUIER. Un vol. in-18 jésus.. . . . . 3 fr.

Les merveilles de la science, ou description populaire des inventions modernes par Louis FIGUIER, 4 forts vol. grand in-8º jésus, illustrés de 1817 gravures dessinées et gravées par les meilleurs artistes. L'ouvrage complet, broché. . . . . 40 fr.

Chaque volume se vend séparément, broché. . 10 fr.

MATIÈRES CONTENUES DANS CHAQUE VOLUME

I. Machine à vapeur; bateaux à vapeur; locomotives et chemins de fer; locomobiles; machine électrique, paratonnerres; pile de Volta; électro-magnétisme. 400 gravures.

II. Télégraphie aérienne, électrique et sous-marine; câble transatlantique; galvanoplastie; dorure et argenture électro-chimiques; aérostats; éthérisation, 357 gravures.

III. Photographie; stéréoscope; poudres de guerre; artillerie ancienne et moderne; armes à feu portatives; bâtiments cuirassés; drainage; pisciculture. 612 gravures.

IV. Éclairage; chauffage; ventilation; phares; puits artésiens; cloches à plongeur; moteur à gaz; aluminium; planète Neptune; 448 gravures.

Les merveilles de l'industrie, ou description populaire des procédés industriels depuis les temps les plus reculés jusqu'à nos jours, par Louis Figuier. 4 vol. gr. in-8° jésus, illustrés de 1380 gravures par les meilleurs artistes. . . . . 40 fr.
Chaque volume se vend séparément, broché.. 10 fr.

MATIÈRES CONTENUES DANS CHAQUE VOLUME :

I. Le verre et le cristal; les poteries; les faïences et les porcelaines; le savon, les soudes et les potasses; le sel; le soufre et l'acide sulfurique. 413 gravures.

II. Le sucre, le papier, les papiers peints, les cuirs et les peaux, le caoutchouc et la gutta-percha, la teinture. 330 gravures.

III. L'eau; les boissons gazeuses; le blanchiment et le blanchissage; le phosphore et les allumettes chimiques; le froid artificiel; l'asphalte et les bitumes. 300 gravures.

IV. Le pain et les farines; les fécules et les pâtes alimentaires; le lait et ses produits, le vin, le cidre, la bière, l'alcool et la distillation, le vinaigre, les huiles, les conserves alimentaires, le café, le thé et le chocolat. 340 gravures.

Métaux, mines, mineurs et industries métallurgiques, par Emile With, ingénieur civil. 1 beau vol. in-8° raisin illustré de 192 gravures par les meilleurs artistes. . . . . 10 fr.

Les aérostats, par Louis Figuier. 1 beau vol. in-16 orné de 53 gravures . . . . 2 fr.

L'éclairage, par Louis Figuier. Un beau vol. in-16 orné de 134 gravures . . . . 2 fr.

Les architectes de la nature. Nids, tanières et terriers, d'après J.-G. Wood, célèbre naturaliste anglais, par Hippolyte Lucas. Magnifique publication illustrée de plus de 200 vignettes placées dans le texte et de 20 grandes gravures tirées à part. 1 beau volume grand in-8° jésus. . . . . 10 fr.

Voyage au fond de la mer, par de LA BLANCHÈRE. 1 beau vol. grand in-8° raisin, illustré de nombreuses vignettes placées dans le texte, et de 16 magnifiques gravures imprimées en couleur. . . . . 10 fr.

MOLIÈRE. — **Œuvres complètes,** précédées de la vie de Molière par Voltaire. 2 vol. in-8° cavalier, ornés de 16 vignettes d'après MM. Horace Vernet, Desenne et Johannot, gravées par Nargeot. . . . . 14 fr.

P. CORNEILLE. — **Œuvres dramatiques,** précédées de la vie de P. Corneille par FONTENELLE. Nouvelle édition, ornée de 11 gravures sur acier d'après Bayalos, et d'un magnifique portrait de P. Corneille. 1 fort vol. in 8° papier cavalier. . . . . 7 fr.

JEAN RACINE. — **Œuvres,** précédées d'un essai sur sa vie et ses ouvrages par L. S. AUGER, de l'Académie française, et ornées de 13 vignettes d'après Gérard, Girodet, Desenne, 1 beau vol. in-8° cavalier. . . . . 7 fr.

BOILEAU. — **Œuvres,** avec un choix de notes et les imitations des auteurs anciens. Nouvelle édition précédée d'une notice sur Boileau par SAINTE-BEUVE, de l'Académie française, 1 vol. in-8° cavalier, 6 vignettes et 1 portrait sur acier. . . . . 5 fr.

LA BRUYÈRE. — **Les caractères,** et les *Maximes de La Rochefoucauld,* précédés d'une notice par M. Suard. Nouvelle édition, 1 beau vol. in-8° cavalier, orné d'un portrait de J. La Bruyère. . . . . 5 fr.

LA FONTAINE. — **Fables,** illustrées par Tony Johannot de 13 gravures sur acier. Nouvelle édition, augmentée d'un choix de notes, et précédée d'une notice sur La Fontaine par Sainte-Beuve, de l'Académie française. 1 vol. in 8° cavalier . . . . 6 fr.

VAUVENARGUES. — **Œuvres complètes.** — Edition nouvelle, précédée de l'*Eloge de Vauvenargues,* couronnée par l'Académie française, et accompagnée de notes et commentaires par M. D.-L. Gilbert, 2 vol. in-8° cavalier, ornés du portrait de Vauvenargues sur acier. 12 fr.

FÉNELON. — **Les aventures de Télémaque.** 1 beau vol. in-8° cavalier, orné de 12 gravures et d'un portrait de Fénelon gravé sur acier. . . . . 6 fr.

BOSSUET. — **Discours sur l'Histoire universelle**

et **Oraisons funèbres.** 1 vol. in-8º cavalier, avec un beau portrait. . . . . 6 fr.

Chefs-d'œuvre oratoires de Fléchier, Bourdaloue; **Petit carême** de Massillon. 1 vol. in-8º cavalier 5 fr.

SÉVIGNÉ. (Mme de) — **Lettres,** précédées d'une notice historique et littéraire. 1 beau vol. in-8º cavalier, orné d'un portrait. . . . . 6 fr.

VOLTAIRE. — **Siècle de Louis XIV.** 1 beau vol. in-8º cavalier, orné d'un portrait de Louis XIV.. 6 fr.

VOLTAIRE. — **Théâtre,** précédé d'une notice sur sa vie et ses ouvrages. 1 beau vol. in-8º cavalier, orné d'un portrait. 6 fr.

BEAUMARCHAIS. — **Théâtre,** précédé d'une notice par Saint-Marc-Girardin. 1 vol. in-8º cavalier, illustré de 5 vignettes sur acier, d'après Tony Johannot.. . . . 6 fr.

DEMOUSTIER. — **Lettres à Émilie sur la Mythologie,** 1 beau vol in-8º cavalier, orné de 12 magnifiques gravures sur acier, imprimées sur Chine.. . . . . 7 fr.

LE SAGE. — **Gil Blas de Santillane.** Nouvelle édition. 1 vol. in-8º cavalier orné de 8 gravures sur acier et d'un portrait de l'auteur. . . . . 7 fr.

A. HAMILTON. — **Mémoires de Grammont** et **Contes.** 1 vol. in-8º cavalier orné de 6 gravures sur acier, d'après les dessins de Moreau. . . . . 6 fr.

MICHEL CERVANTES. — **Don Quichotte de la Manche.** Traduction nouvelle par Ch. Furne. 2 volumes in-8º cavalier, ornés de 9 gravures sur acier.. . . 8 fr.

CHATEAUBRIAND. — **Œuvres complètes.** Nouvelle édition, ornée de 31 magnifiques gravures sur acier. 12 forts volumes in-8º cavalier. L'ouvrage complet. 72 fr.

Œuvres de Lamartine.

Vol. in-8º cavalier :		Le Manuscrit de ma Mère. 1 vol.	7 50
Premières et Nouvelles Méditations, 1 vol., 4 grav..	7 50	Histoire des Girondins. 4 vol., 40 grav.	30 »»
Harmonies poétiques, Recueillements. 1 vol., 3 grav...	7 50	**Vol. in-18 jésus :**	
Jocelyn. 1 vol., 2 grav.....	7 50	Premières Méditations. 1 vol.	3 50
Chute d'un Ange. 1 vol., 1 grav...............	7 50	Nouvelles Méditations. 1 vol.	3 50
Voyage en Orient. 2 vol., 12 grav...............	15 »»	Harmonies poétiques. 1 vol.	3 50
Confidences et Nouvelles Confidences. 1 vol. 8 grav.	7 50	Recueillements poétiques. 1 vol.	3 50
		Jocelyn. 1 vol...............	3 50
		Chute d'un Ange. 1 vol.....	3 50

Voyage en Orient. 2 vol....	7 »	Lectures pour tous.1 fort vol.	3 50
Confidences. 1 vol.........	3 50	Raphaël. 1 vol	1 25
Nouvelles Confidences.1 vol.	3 50	Graziella. 1 vol............	1 25
Manuscrit de ma mère.1 vol.	3 50	Le Tailleur de pierres de	
Histoire des Girondins. 6 vol.	21 »	Saint-Point. 1 vol........	1 25

Œuvres de Walter Scott. Traduction de M. Defauconpret. Nouvelle édition, publiée en 30 volumes in-8° carré, avec gravures sur acier. Chaque volume contient au moins un roman complet et se vend. . . . 3 fr. 50

1. Waverley.	15. Quentin Durward.
2. Guy Mannering.	16. Eaux de Saint-Ronan.
3. L'Antiquaire.	17. Redgauntlet.
4. Rob-Roy.	18. Connétable de Chester.
5. } Le Nain noir. / Les Puritains d'Écosse.	19. Richard en Palestine. 20. Woodstock.
6. La Prison d'Édimbourg.	21. Chroniques de la Canongate.
7. { La Fiancée de Lammermoor. { L'officier de fortune.	22. La Jolie Fille de Perth. 23. Charles le Téméraire.
8. Ivanhoë.	24. Robert de Paris.
9. Le Monastère.	25. { Le Château périlleux. { La Démonologie.
10. L'Abbé.	26. }
11. Kenilworth.	27. } Histoire d'Écosse.
12. Le Pirate.	28. }
13. Les Aventures de Nigel.	
14. Peveril du Pic.	29-30. Romans poétiques.

Œuvres de J. Fenimore Cooper. Traduction de M. Dufauconpret. Nouvelle édition, publiée en 30 vol. in-8° carré, avec gravures sur acier. Chaque volume contient au moins un roman complet et se vend. 3 fr. 50

1. Précaution.	16. Ève Effingham.
2. L'Espion.	17. Le Lac Ontario.
3. Le Pilote.	18. Mercédès de Castille.
4. Lionel Lincoln.	19. Le Tueur de daims.
5. Les Mohicans.	20. Les Deux Amiraux.
6. Les Pionniers.	21. Le Feu follet.
7. La Prairie.	22. A Bord et à Terre.
8. Le Corsaire rouge.	23. Lucie Hardinge.
9. Les Puritains.	24. Wyandotté.
10. L'Écumeur de mer.	25. Satanstoë.
11. Le Bravo.	26. Le Porte-Chaine.
12. L'Heidenmauer.	27. Ravensnest.
13. Le Bourreau de Berne.	28. Les Lions de mer.
14. Les Monikins.	29. Le Cratère.
15. Le Paquebot.	30. Les Mœurs du jour.

BRILLAT-SAVARIN. — Physiologie du goût. Nouvelle édition, précédée d'une introduction par Alphonse Karr, illustrée par Bertall de plus de 200 gravures sur bois placées en tête des pages, dans le texte et en culs-de-lampe, et de 7 gravures sur acier tirées sur Chine, 1 magnifique volume grand in-8° jésus . . . . 15 fr.

EDOUARD LABOULAYE, de l'Institut. — Contes bleus. Un beau volume in-8° raisin, illustré de plus de 200 gravures dessinées par Yan'Dargent. . . . . 10 fr.

— Nouveaux Contes bleus. Un beau volume in-8° raisin, illustré de 120 gravures dessinées par Yan'Dargent et d'un magnifique portrait gravé sur acier.. . . . 10 fr.

L. BATISSIER. — Nouveaux cabinets des fées. Un beau volume in-8° raisin, illustré de 191 vignettes sur bois par Foulquier. . . . . 10 fr.

ALFRED ASSOLANT. — Histoire fantastique du célèbre Pierrot. Un beau volume in-8° raisin, illustré de 100 gravures par Yan'Dargent . . . . 7 fr.

ÉLIE BERTHET. — Les Petits Écoliers dans les cinq parties du monde. — 1 beau vol. in-8° raisin, illustré par E. Bayard, etc. . . . . 7 fr.

— Les Petites Écolières dans les cinq parties du monde. (*Ouvrage couronné par l'Académie française.*) Un beau vol. in-8° raisin, illustré de 104 vignettes. . . . . 7 fr.

ÉMILE DESBEAUX. — La Joie de la maison. Un vol. in-8° raisin, orné de 9 chromolithographies. Élégant cartonnage avec tranches dorées . . . . 4 fr.

Chefs-d'œuvre épiques de tous les peuples, par A. Chassang, inspecteur général de l'instruction publique, et L. Marcou, maître de conférences à la Faculté des lettres de Paris. 1 vol. in-16 . . . . 3 fr. 50

Album-vocabulaire du premier âge en français, anglais, allemand, italien et espagnol, illustré de 800 gravures, ouvrage adopté par le ministère de l'Instruction publique. 1 beau volume in-8° jésus, cartonnage élégant, avec plaque, tranches dorées . . . . 6 fr.

JAUFFRET. — Le théâtre révolutionnaire. (1788-1799.) 1 vol in-18 . . . . 3 fr. 50

Nota. — Envoi *franco* contre timbres et mandat poste.

Paris. — Imp. P. Mouillot, 13-15, quai Voltaire. — 28914.